Gymnasium Bayern Deutschbuch

Intensivierung Deutsch 5

Herausgegeben von
Wilhelm Matthiessen (München),
Bernd Schurf (Neuss) und
Wieland Zirbs (Passau)

Erarbeitet von
Karl-Heinz Brauner (Rosenheim),
Wilhelm Matthiessen (München),
Christl Ostertag (München),
Johanna Schlagbauer (Ingolstadt),
Annegret Schneider (München) und
Wieland Zirbs (Passau)

Cornelsen

Redaktion: Kirsten Krause

Illustrationen: Uta Bettzieche, Leipzig; Thomas Binder, Magdeburg;
Jutta Mirtschin, Berlin; Wolfgang Mond, Berlin; Klaus Müller, Berlin;
Nina Pagalies, Berlin; Margit Pawle, München; Friederike Rave, Wuppertal;
Isabella Roth, Hamburg; Barbara Schumann, Berlin; Bernhard Skopnik, Kassel
Umschlaggestaltung: Katrin Nehm (Illustration: Uta Bettzieche)
Layout und technische Umsetzung: werkstatt für gebrauchsgrafik, Berlin

www.cornelsen.de

Die Internet-Adressen und -Dateien, die in diesem Lehrwerk angegeben sind, wurden vor Drucklegung geprüft. Der Verlag übernimmt keine Gewähr für die Aktualität und den Inhalt dieser Adressen und Dateien oder solcher, die mit ihnen verlinkt sind.

Dieses Werk berücksichtigt die Regeln der reformierten Rechtschreibung und Zeichensetzung. Bei den mit [R] gekennzeichneten Texte haben die Rechteinhaber einer Anpassung widersprochen.

1. Auflage, 3. Druck 2005

Druck: H. Heenemann, Berlin

ISBN-13: 978-3-464-60384-0
ISBN-10: 3-464-60384-9

Inhalt gedruckt auf säurefreiem Papier,
umweltschonend hergestellt aus chlorfrei gebleichten Faserstoffen.

Inhaltsverzeichnis

Sich kennen lernen – Das Partnerinterview

Der Übertritt ans Gymnasium bedeutet eine große Herausforderung. Um sich an der neuen Schule gut einzugewöhnen, ist es wichtig, mit seinen Mitschülern und Mitschülerinnen bekannt zu werden. Mit dem Partnerinterview könnt ihr euch besser kennen lernen. Zugleich übt ihr das freie Sprechen vor der Klasse.

In den Intensivierungsstunden werdet ihr vielfach in kleinen Gruppen (3–5 Schüler) arbeiten. Ihr solltet daher den Raum entsprechend gestalten. Das kann (wenn alle helfen) in zwei Minuten während des Stundenwechsels geschehen. Das Klassenzimmer könnte dann etwa so aussehen:

TIPP

Die Gruppenbildung

- Die einfachste Methode ist das Losverfahren.
- Es ist auch möglich, im Hinblick auf die Anzahl der zu bildenden Gruppen durchzuzählen (z. B. 1, 2, 3, 4/1, 2, 3, 4/...), wobei jeweils Schüler mit der gleichen Zahl eine Gruppe bilden.
- Natürlich kann auch eure Lehrerin oder euer Lehrer die Gruppen einteilen.

Einen Steckbrief für ein Partnerinterview vorbereiten

1 *Um einen neuen Mitschüler oder eine neue Mitschülerin der Klasse vorzustellen, muss man einiges von ihm oder ihr wissen.*
a) Überlegt gemeinsam, wonach ihr euch erkundigen müsst, damit ihr den anderen möglichst treffend beschreiben könnt. Sammelt dazu in einem Cluster alle Ideen, die in der Gruppe spontan genannt werden.

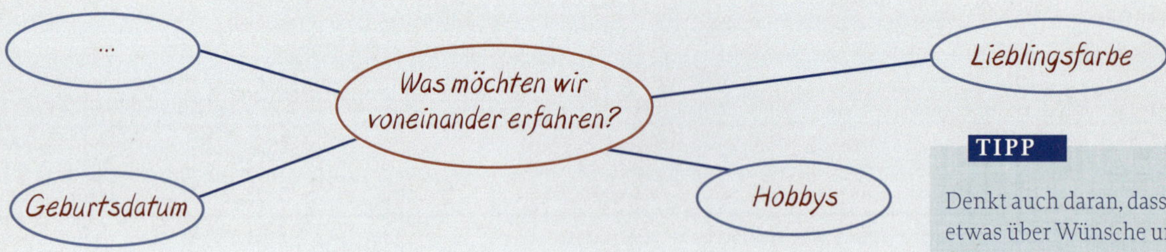

b) Ordnet nun eure Ideen und schreibt wie bei einem Steckbrief Stichworte auf, nach denen ihr fragen wollt, z. B.:

Name, Adresse, Alter ...

TIPP

Denkt auch daran, dass ihr etwas über Wünsche und Träume eures Interviewpartners oder eurer Interviewpartnerin erfahren möchtet.

2 *a) Achtet darauf, dass ihr nicht zu sehr nach Details fragt. Geht daher eure Liste noch einmal genau durch und streicht die Punkte, die ihr für überflüssig oder nicht informativ haltet.*
b) Formuliert aus eurer Stichwortliste konkrete Fragen, die ihr in dem Interview stellen möchtet, z. B.:

Wie lautet dein vollständiger Name?

In welchem Ort/in welchem Stadtteil wohnst du?

TIPP

Stellt nicht nur W-Fragen, sondern fordert euren Gesprächspartner oder eure Gesprächspartnerin auch auf, zu erzählen und zu erklären.

Die Interviewkärtchen erstellen

3 *a) Bringt nun eure Interviewfragen in eine sinnvolle Reihenfolge. Schreibt dazu einfach vor die Frage, die ihr als Erstes stellen wollt, eine 1, vor die zweite eine 2 usw.*

b) Übertragt nun die Fragen in der von euch bestimmten Reihenfolge auf Karteikarten.
BEACHTET: *Lasst auf der Karteikarte unter der jeweiligen Frage genügend Platz für eure Notizen beim Interview.*

1. Wie lautet dein vollständiger Name?

2. In welchem Ort/in welchem Stadtteil wohnst du?

3. ...

Ein Partnerinterview durchführen und darüber sprechen

4 *Damit die Befragung und die anschließende Vorstellung des oder der „Neuen" ein richtiger Erfolg werden, solltet ihr das Interview vorher einmal üben.*

a) Bildet dazu in eurer Gruppe ein Interviewpaar. Die restlichen Gruppenmitglieder beobachten das Gespräch und die Vorstellung des Mitschülers.
- ☐ *Führt nun mit Hilfe eurer Fragen auf den Karteikarten das Partnerinterview durch. Befragt euch gegenseitig und schreibt die Antworten in Stichworten auf. Stellt anschließend euren Mitschüler oder eure Mitschülerin in der Kleingruppe vor.*
- ☐ *Die restlichen Gruppenmitglieder übernehmen die Beobachterrolle. Sie verfolgen das Gespräch und die Vorstellung des Mitschülers genau und bewerten auf einem Stichwortzettel, wie sie das Interview erlebt haben (z. B. eingeteilt in Spalten mit + und –).*

b) Sprecht anschließend in der Gruppe über eure Eindrücke und achtet darauf, dass eure Kritik immer sachlich und nie verletzend ist.

TIPP

Die folgenden Ratschläge können dir bei der Vorstellung deines Mitschülers oder deiner Mitschülerin helfen:
- ☐ Sprich laut, deutlich und langsam.
- ☐ Halte beim Sprechen Blickkontakt mit den Zuhörern.
- ☐ Achte auf abwechslungsreiche Verknüpfungen der Sätze.
- ☐ Beginne mit einem Einleitungssatz, z. B.: „Ich stelle euch jetzt Susanne vor."
- ☐ Bemühe dich am Schluss um eine Abrundung, z. B.: „Ich danke für eure Aufmerksamkeit."

TIPP

Die Beobachter sollten auf folgende Aspekte achten:
- ☐ Hält sich der Interviewer an die ausgearbeiteten Fragen?
- ☐ Gibt der Gefragte präzise Antworten?
- ☐ Stimmen die Antworten während des Interviews mit dem überein, was der Interviewer anschließend vorträgt?
- ☐ Ist durch den Vortrag ein anschauliches Bild des oder der „Neuen" entstanden?

Die Vorbereitung des Partnerinterviews in der Klasse

5 *Bevor du deinen Mitschüler oder deine Mitschülerin der Klasse vorstellst, solltest du zu Hause das Partnerinterview vorbereiten.*

a) Schreibe deine Fragen der Reihenfolge nach sauber und ordentlich auf die Karteikarten. Ordne deine Karteikarten und nummeriere sie durch.
BEACHTE: *Du kannst deine Fragen auch mit dem Computer schreiben, ausschneiden und dann auf die Karteikarten kleben.*

b) Übe mit Hilfe deiner Fragen das Partnerinterview, indem du deine Eltern oder Geschwister befragst und dann vorstellst.
Vielleicht bekommst du dann noch hilfreiche Tipps für deinen Vortrag.

TIPP

Wiederholungsübung zu Hause
- ☐ Habe ich einen Einleitungssatz, der Interesse weckt?
- ☐ Spreche ich deutlich, langsam und verständlich?
- ☐ Betone ich richtig, ohne zu übertreiben?
- ☐ Schließe ich meinen kleinen Vortrag durch einen knappen und einprägsamen Schlusssatz ab?

Regeln für das Klassengespräch

Lernen hat viel mit „miteinander sprechen“ und „aufeinander hören“ zu tun. Damit diese Grundsätze auch das gesamte Schuljahr in eurer Klasse eingehalten werden, wollen wir Regeln zum Klassengespräch erarbeiten.

Meinungen sammeln

1 *Nun seid ihr schon einige Zeit in der neuen Klasse und habt viele Eindrücke gesammelt. Tauscht euch über eure Meinungen zum Thema „Unser Klassenklima – wie gehen wir miteinander im Unterricht um?“ aus. Damit jeder von euch zu Wort kommt und alle Schülerinnen und Schüler frei ihre Meinung äußern können, probiert den folgenden Spielvorschlag aus. Bildet dazu zuerst einen (Stuhl-)kreis und lest dann die Spielregeln auf dem Zettel laut vor.*

Spielregeln

- Man benötigt einen leichten Ball.
- Derjenige, der beginnen will, nimmt den Ball und trägt seine Meinung zum Thema vor. Wenn er fertig ist, wirft er den Ball einem Mitschüler zu.
- Jeder kommt nur einmal dran; die Reihenfolge der Wortbeiträge bestimmt ihr selbst.
- Gesprochen wird erst, wenn man den Ball in der Hand hält.
- Jeder hat eine Redezeit von höchstens einer Minute.
- Kein Sprecher wird von einem anderen unterbrochen.
- Erhält im Verlauf des Gesprächsspiels ein Schüler, der schon gesprochen hat, den Ball, gibt er ihn an einen noch nicht beteiligten Schüler weiter – solange, bis alle in der Runde ihre Meinung gesagt haben.

Gesprächsbeiträge aufgreifen und bewerten

2 *In einer Kleingruppe könnt ihr über die verschiedenen Beiträge der großen Runde sprechen.*

a) Erinnert euch, wie eure Mitschüler und Mitschülerinnen das Klassenklima im Gesprächskreis charakterisiert haben. Sammelt alle Aussagen, die euch einfallen, und ordnet sie nach positiven (+) und negativen (–) Gesichtspunkten. Bestimmt einen Schriftführer oder eine Schriftführerin, der oder die eure Beiträge festhält.
***BEACHTET:** Ist jemand in eurer Gruppe mit der Zuordnung zu + oder – nicht einverstanden, muss er seine Meinung begründen. Versucht auf jeden Fall, euch zu einigen, in welche Rubrik die Aussage gehört.*

Unser Klassenklima

+	–
– Jeder darf offen seine Meinung sagen.	– Wir lassen den anderen häufig nicht ausreden.
– …	– …

TIPP

Das Sammeln fällt euch leichter, wenn ihr auf einem DIN-A4-Blatt unter der Überschrift „Unser Klassenklima“ zwei Spalten anlegt, die mit + und – gekennzeichnet sind. So könnt ihr all das, was als positiv empfunden wurde, gegenüber dem abgrenzen, was bei euch noch nicht so optimal läuft.

b) Überprüft noch einmal euren Stichwortzettel und überlegt, ob alle genannten Punkte tatsächlich etwas über das Thema „Unser Klassenklima“ aussagen. Sprecht in der Gruppe über die einzelnen Punkte und begründet jeweils, ob ihr eine Aussage beibehalten oder streichen möchtet.

Das Gute Bewahren – Das nicht so Gute verbessern

3 *Auf eurer Liste stehen einige Aussagen über Dinge, die ein gutes Klassenklima fördern (+). Formuliert mit Hilfe dieser Aussagen Regeln für ein faires Klassengespräch.*

a) Jeder aus eurer Gruppe greift zunächst einen Stichpunkt aus der Plus-Spalte heraus und formuliert daraus eine allgemein gültige Regel, z. B.:
Jeder darf in unserer Klasse seine Meinung offen sagen.

b) Lest euch eure Ergebnisse vor und sprecht offen darüber. Dabei ist es wichtig, dass ihr nicht nur Kritik übt, sondern auch Vorschläge für eine andere Formulierung unterbreitet.

4 *Auf eurer Liste stehen auch einige Aussagen über Dinge, die einem guten Klassenklima abträglich sind (–).*

a) Jeder von euch greift nun einen Stichpunkt aus der Minus-Spalte heraus und formuliert daraus eine allgemein gültige Regel für ein faires Klassengespräch.
***BEACHTE:** Eure Regeln sollten so formuliert sein, dass sie euch anspornen, euer Klassenklima zu verbessern, z. B.:*
Wir lassen den anderen stets ausreden.

b) Tauscht euch anschließend über eure Ergebnisse aus und sprecht über eure Verbesserungsvorschläge.

5 *Tragt eure Ergebnisse aus Aufgabe 3) und 4) zusammen und haltet sie auf einer Overhead-Folie fest.*

Gruppenergebnisse zusammenführen

6 *Jede Gruppe präsentiert nun ihre Ergebnisse. Setzt euch dazu im Halbkreis zusammen. Der Schriftführer oder die Schriftführerin jeder Gruppe trägt nun vor, welche Regeln in der jeweiligen Gruppe formuliert worden sind. Haltet euch dabei an die Tipps auf dem Stichwortzettel.*

TIPP

- Legt die Folie mit euren Ergebnissen auf den Overhead-Projektor.
- Diskutiert jede Regel intensiv in der großen Runde.
- Fragt nach, wenn euch etwas unklar erscheint.
- Unterstreicht die besonders gelungenen Regeln und streicht jene Formulierungen durch, die schon vorgetragen wurden oder die euch nicht so gelungen erscheinen.

Plakate für das Klassenzimmer anfertigen

7 *Damit ihr euch im laufenden Schuljahr daran erinnert, welche Regeln für ein faires Klassengespräch wichtig sind, solltet ihr sie immer vor Augen haben. Fertigt dazu ein Plakat an, auf dem eure Regeln vermerkt sind.*

a) Jede Gruppe hat eine Folie, auf der gut formulierte Regeln unterstrichen und nicht akzeptierte Formulierungen durchgestrichen sind. Sammelt eure Folien und schreibt die Regeln, die ihr unterstrichen habt, auf ein Plakat. Vermeidet dabei Wiederholungen.

b) Setzt euch am Schluss dieser Intensivierungsstunde noch einmal im Stuhlkreis zusammen. Lest die Regeln auf dem Plakat laut vor und sprecht abschließend über eure Arbeit. Jeder kann noch einmal begründen, warum er den einen oder anderen Punkt für besonders wichtig hält.

c) Jeder von euch unterschreibt die Regeln auf dem Plakat. Hängt es dann im Klassenzimmer auf.

Eine Gespenstergeschichte erzählen

Wenn du eine spannende Gespenstergeschichte erzählst, willst du deine Leser mitfiebern lassen. Wie du packend, spannend und anschaulich erzählen kannst, das erfährst du hier.

1 *a) Male das große Gespenst in dein Heft. Ergänze dann die fehlenden Erzählschritte einer guten Gespenstergeschichte.*
b) Es gibt sprachliche Mittel (z. B. die wörtliche Rede), mit denen du die Spannung einer Gespenstergeschichte steigern kannst. Überlege, welche Mittel du noch kennst, und ergänze dein Gespensterbild. Male um jedes Stichwort ein kleines Gespenst.
c) Vergleiche die Stichworte, die du in deinem Gespensterbild gesammelt hast, mit den Hinweisen zum Erzählen in deinem Schulbuch. Hast du an alles gedacht?

Hallo, das Rufgespenst

Hallo langweilte sich. Er langweilte sich nun schon seit 127 Jahren, jedes Jahr sogar noch etwas mehr. Hallo war ein Rufgespenst und wohnte in einem kleinen Schlösschen. Die anderen Geister seiner Familie hatten mittlerweile ihre Ruhe gefunden, sodass er ganz allein war. Eigentlich hätte er sich nicht langweilen müssen, denn so ein ganzes Schlösschen zu bespuken – auch wenn es nur ein kleines war – war doch eine Menge Arbeit für ein Gespenst. Aber früher war seine Arbeit einfach lustiger gewesen. Früher, das war zu der Zeit, als noch Menschen im Schlösschen wohnten, uralte Adelsfamilien mit vielen Angehörigen. Diese konnte man herrlich das Fürchten lehren. Eine Ehrensache für jeden Geist, der etwas auf sich hält. Hallo hatte dafür einige tolle Tricks auf Lager: Er konnte millimeternah am Gesicht seines Opfers als eiskalter Wind vorbeisausen, Stühle unter dem Allerwertesten wegziehen, mit dem Kopf kegeln, alle Lichter auf einen Schlag löschen, markerschütternd heulen und mit schweren Ketten rasseln, um nur einige seiner liebsten Spukereien zu nennen.

Es gab da nur ein kleines Problem: Hallo war nicht umsonst ein Rufgespenst. Das bedeutete, dass er nur dann spuken konnte, wenn ihn jemand rief. Rief ein Ahnungsloser „Hallo“, dann konnte Hallo loslegen. Viele riefen etwas bang, wenn sie das alte Schlösschen betraten: „Hallo, ist da jemand?“ Schon konnte unser Gespenst den Rufenden so richtig schön erschrecken.

Eines Nachts trug sich Folgendes zu: Hallo war gerade aus seiner Holztruhe, in der er tagsüber schlief, geschwebt und reckte und schüttelte seine Falten. Es war ein düsterer Tag im November zu Ende gegangen und die Nacht versprach noch viel düsterer zu werden. Schwarze Wolken jagten über den Himmel und der Wind pfiff um die alten zerfallenen Mauern. „Herrliches Spukwetter“, dachte sich Hallo vergnügt, „vielleicht habe ich heute mal Glück und es lässt sich jemand im Schloss blicken.“

2 *Schreibt die Geschichte in Partnerarbeit zu Ende. Berücksichtigt dabei die Stichworte, die ihr in eurem Gespensterbild (Aufgabe 1) gesammelt habt.*

Unsere Eltern wollten erst morgen wiederkommen. Wir freuten uns über den freien Abend und gingen erst ins Bett, als sich keiner von uns beiden mehr wach halten konnte. Ich hatte mich gerade hingelegt und das Licht ausgeschaltet. Weil ich das Fenster geöffnet hatte, bewegte der Wind die Vorhänge am Fenster. Plötzlich Da ging die Tür von meinem Zimmer auf. Etwas bewegte sich auf mich zu. Ich dachte zuerst, mein Bruder käme herein. Aber die Umrisse der Gestalt waren größer als mein kleiner Bruder. Ich verbarg meinen Kopf unter der Decke und versuchte, still zu sein. Irgendetwas bewegte sich hin und her. Ich wartete ab, unschlüssig, was ich tun sollte. Ich fürchtete mich ...

3 *Ihr könnt die Einleitung der Geschichte sicherlich noch spannender gestalten. Überarbeitet die Einleitung zusammen mit einem Partner oder einer Partnerin. Der Tipp hilft euch dabei.*

4 *a) Teilt euch in Gruppen auf und schreibt die Geschichte zu Ende. Ihr könnt eine realistische Geschichte oder eine Fanatsieerzählung schreiben.*
b) Überarbeitet eure Geschichte mit Hilfe des Tipps.
c) Findet eine passende Überschrift, die den Leser neugierig auf eure Geschichte macht.

TIPP

- Wählt unterschiedliche Satzanfänge.
- Verwendet treffende Verben und anschauliche Adjektive.
- Fügt an passender Stelle wörtliche Rede ein.
- Gebt die Gedanken und Gefühle der Figuren anschaulich wieder.
- Benutzt Bilder und Vergleiche, um die Angst und die Aufregung zu verdeutlichen. Achtet dabei aber auf die Glaubwürdigkeit, denn übertriebene Darstellungen schaden dem Spannungsaufbau mehr, als sie nutzen.

Ottfried Preußler

Das kleine Gespenst

Auf Burg Eulenstein hauste seit Urzeiten ein kleines Gespenst. Es war eines jener harmlosen kleinen Nachtgespenster, die niemandem etwas zuleide tun, außer man ärgert sie. Tagsüber schlief es in einer schweren, eisenbeschlagenen Truhe aus Eichenholz, die stand auf dem Dachboden, wohl versteckt hinter einem der dicken Schornsteine, und kein Mensch hatte eine Ahnung davon, dass sie eigentlich einem Gespenst gehörte.
Erst des Nachts, wenn im Städtchen Eulenberg, das zu Füßen der Burg lag, die Rathausuhr Mitternacht schlug, erwachte das kleine Gespenst.

5 *Kennst du das kleine Gespenst von Ottfried Preußler? Schreibe eine Reizwortgeschichte zu folgenden Begriffen:*

Schlossgespenst	verirrt	Schulhaus

6 *Stellt euch vor, ein kleines Gespenst hätte sich eure Schulbibliothek als neues Zuhause gesucht. Schreibt gemeinsam ein Buch mit vielen kleinen Geschichten über euer kleines Schulgespenst.*
a) Sammelt gemeinsam Ideen für eure Geschichten an der Tafel.
- *Wie soll das Gespenst aussehen? Wie groß ist es?*
- *In welche Situationen kann es hineingeraten? Was passiert z. B., wenn es plötzlich im Unterricht auftaucht?*
- *Wie reagiert es im Schulalltag, z. B. in der Pause, bei der Zeugnisausgabe, am Elternabend, bei Schultheateraufführungen, Sportwettkämpfen, Schulaufgaben, Lehrerkonferenzen ...*
  Überall könnte das kleine Gespenst auftauchen.

b) Sucht die schönsten Ideen aus und formuliert Überschriften für eure Geschichten.
c) Arbeitet jetzt in Zweiergruppen und verteilt die Überschriften. Jede Gruppe schreibt nun eine spannende Geschichte über das kleine Gespenst. Beachtet dabei die Tipps von Aufgabe 3.
d) Lest eure Geschichten vor. Besprecht eure Geschichten und überarbeitet sie gegebenenfalls.
e) Jede Gruppe schreibt ihre Geschichte auf ein schönes DIN-A4-Blatt. Verziert die Seiten mit Umrandungen, Zeichnungen, Bildern oder Fotos.
BEACHTET: *Ihr könnt eure Geschichten auch mit dem Computer schreiben und gestalten.*
f) Heftet die vielen Geschichten zu einem Buch zusammen. Überlegt gemeinsam, wie das Deckblatt eures Buches aussehen soll, und schreibt ein Inhaltsverzeichnis mit den Titeln aller Geschichten.

Spannend und anschaulich erzählen

Für eine spannende Geschichte ist es wichtig, nicht nur zu beschreiben, was passiert, sondern auch, wie sich die Personen fühlen. Wie es der Autorin Astrid Lindgren in ihrem Buch „Mio, mein Mio" gelingt, Spannung aufzubauen, erfährst du hier.

Astrid Lindgren

Mio, mein Mio

Mio findet seinen Vater im Land der Ferne und erhält von ihm den Auftrag, den bösen Ritter Kato zu besiegen und die vielen verzauberten Kinder zu befreien. Aber Ritter Kato ist sehr gefährlich und er hat eine Klaue aus Eisen statt einer Hand. Mit dieser Klaue aus Eisen reißt er den Menschen das Herz heraus und gibt ihnen ein Herz aus Stein. Gerade schleichen sich Mio und sein Freund Jum-Jum in die bewachte Burg Ritter Katos, um ihn zu besiegen.

„Jetzt", raunte ich Jum-Jum zu, „jetzt!"

Und wir kletterten über die Mauer. Schnell, schnell kletterten wir über die Mauer, schnell, schnell rannten wir in der Finsternis auf Ritter Katos Burg zu. Wir pressten uns gegen die schwarze Wand und standen unbeweglich und fürchteten, die Späher könnten uns entdecken.

„Wie kommt man in Ritter Katos Burg hinein?", flüsterte Jum-Jum. „Wie kommt man in die schwärzeste Burg der Welt hinein?" Kaum hatte er das gesagt, öffnete sich eine Tür in der Wand. Völlig lautlos öffnete sich eine schwarze Tür neben uns. Nicht ein einziger Laut war zu hören. Wenn diese Tür wenigstens geknarrt hätte, als sie sich öffnete. Wenn sie in ihren Angeln gequietscht hätte, nur ein ganz klein wenig gequietscht hätte, es wäre nicht so unheimlich gewesen. Jum-Jum und ich fassten uns an den Händen und gingen in Ritter Katos Burg hinein. Und wir fühlten uns so winzig und ängstlich wie nie zuvor.

Denn so finster war nie eine Finsternis, so eisig war nie eine Kälte, so boshaft war nie eine Stille wie hier in Ritter Katos Burg.

Von der Tür führte eine schmale, finstere Wendeltreppe nach oben. Eine höhere und dunklere Treppe hatte ich noch nie gesehen. „Wenn nur die Finsternis nicht so unheimlich wäre", flüsterte Jum-Jum. „Wenn nur Ritter Kato nicht so grausam wäre und wir nicht so klein und einsam!"

Ich hielt mein Schwert umklammert, als wir die Treppe hinaufschlichen. Ich ging voran und Jum-Jum folgte. Im Traum bin ich manchmal durch dunkle Häuser gegangen, die ich nicht kannte. Unbekannte, entsetzliche Häuser. Da waren schwarze Zimmer, die mich umschlossen, sodass ich nicht atmen konnte, Fußböden, die sich gerade dort, wo ich gehen wollte, zu jähen Tiefen öffneten, Treppen, die zusammenstürzten und mich mitrissen. Aber kein Haus im Traum war so entsetzlich, so furchtbar wie Ritter Katos Burg. Wir stiegen und stiegen diese Wendeltreppe hinauf und wussten nicht, was am Ende der Treppe war. „Mio, ich habe Angst", flüsterte Jum-Jum hinter mir. Ich wandte mich nach ihm um und wollte seine Hand nehmen. Aber gerade da verschwand Jum-Jum. Die Wand verschluckte ihn und ich konnte nicht begreifen, wie es geschah.

Ich blieb allein auf der Treppe stehen, tausendmal einsamer als damals, da wir uns im Berg des Schwertschmiedes verloren hatten, tausendmal einsamer als je zuvor. Ich war verzweifelt. Zu schreien wagte ich nicht, aber ich tastete mit meinen zitternden Händen über die Wand, in der Jum-Jum verschwunden war, und weinte und flüsterte: „Jum-Jum, wo bist du? Jum-Jum, komm zurück!“

Aber die Wand blieb kalt und hart unter meinen Händen. Da gab es keinen Spalt, der Jum-Jum herauslassen konnte. Alles war still wie zuvor. Kein Jum-Jum antwortete, als ich weinte und flüsterte.

So einsam war wohl keiner auf der Welt wie ich, als ich weiter die Treppe emporstieg. Meine Schritte waren schwer. Kaum konnte ich noch meine Füße heben. Die Stufen waren so hoch und ihrer waren so viele. So viele – und eine von ihnen war die letzte. Aber ich wusste nicht, dass es die letzte war. Ich wusste nicht, dass die Treppe ein Ende nahm. Das weiß man nicht, wenn man im Finstern Treppen steigt. Ich tat einen Schritt und trat ins Leere. Ich schrie auf und fiel. Doch im Sturz glückte es mir noch, mich an der obersten Treppenstufe festzuklammern. Da hing ich und zappelte und suchte mit den Füßen nach Halt. Aber da war nichts. Ich schwebte über einer schwarzen, bodenlosen Tiefe. Ich hatte Angst und es gab keine Hilfe. Gleich stürze ich ab, dachte ich, und dann ist alles vorbei ... Oh, hilf mir doch einer, hilf mir.

Da ging jemand auf der Treppe.

War es Jum-Jum? Kam er zurück?

„Jum-Jum, guter Jum-Jum, hilf mir“, flüsterte ich.

Ich sah ihn nicht, es war ja finster. Ich sah sein freundliches Gesicht nicht und nicht seine Augen, die denen von Benka so glichen. Aber er flüsterte mir etwas zu.

„Jaja, nimm meine Hand, dann werde ich dir helfen“, flüsterte der, den ich für Jum-Jum hielt. „Nimm meine Hand, dann werde ich dir helfen.“ Und ich nahm seine Hand. Aber es war keine Hand. Es war eine Klaue aus Eisen.

1 *a) Lies den Text aufmerksam durch und unterstreiche alle Textstellen, in denen die unheimliche Stimmung in der Burg besonders spannend und anschaulich erzählt wird.*
b) Erkläre, wodurch diese Textstellen so anschaulich und spannend wirken.

2 *Untersucht in Gruppen, wie in der Geschichte die Gefühle* ***Angst, Verzweiflung*** *und* ***Einsamkeit*** *dargestellt werden. Erstellt dazu eine Mind-Map.*

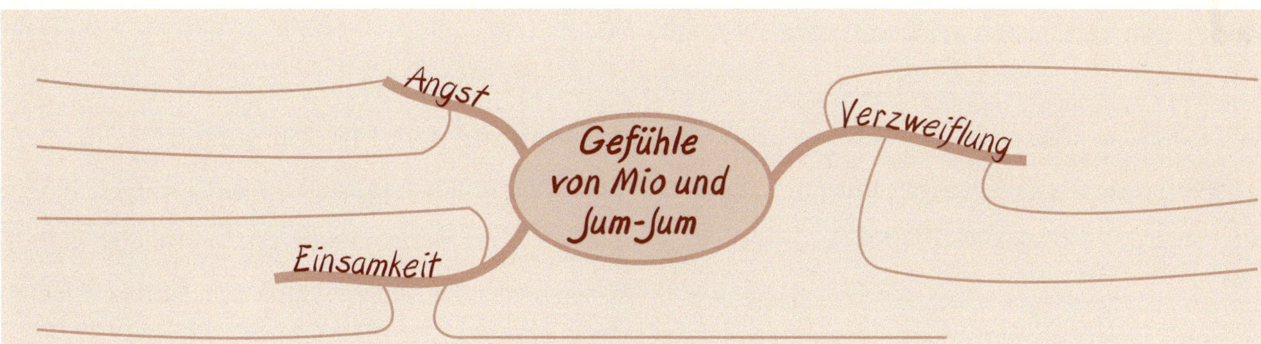

3 *Die Geschichte könnte ein trauriges oder glückliches Ende haben. Sie könnte aber auch als lustiger Streich enden.*
a) Setzt euch in Gruppen zusammen und schreibt gemeinsam unterschiedliche Fortsetzungen der Geschichte. Achtet darauf, dass eure Fortsetzungen jeweils zur Geschichte passen.
b) Wählt Erzähler aus, die eure Geschichten vorlesen. Welche Gruppe hat die beste Geschichte erzählt? Begründet eure Entscheidung.

4 *Stellt euch vor, die Geschichte von Mio und Jum-Jum würde in der Gegenwart spielen.*
a) Überlegt in Partnerarbeit,
- ☐ *welche Aufgabe Mio von seinem Vater bekommen könnte,*
- ☐ *wo die Geschichte spielen sollte und*
- ☐ *gegen welche Gefahren Mio und Jum-Jum kämpfen müssten.*

Sammelt eure Ideen in einem Cluster oder auf einem Stichwortzettel.
b) Schreibt mit Hilfe eurer Ideensammlung eine spannende Geschichte, die ***heute*** *spielt.*

Der Reihenfolge nach erzählen

Till Eulenspiegel soll im 14. Jahrhundert gelebt haben. Die Geschichten von Till Eulenspiegel erzählen davon, wie er sich mit Handwerksmeistern, Gelehrten und Reichen anlegte. Zwei seiner Streiche kannst du hier kennen lernen.

Wie Till Eulenspiegel sich bei einem Brotbäcker als Knecht verdingte und Eulen und Meerkatzen[1] buk.

Als Eulenspiegel wieder in Braunschweig war, kam er an einer Backstube vorbei. Der Meister wohnte daneben und fragte Eulenspiegel, was für ein Geselle er denn wäre. Eulenspiegel sprach: „Ich bin ein Bäckerknecht.“ Der Brotbäcker entgegnete: „Ich habe gerade keinen Knecht. Willst du bei mir dienen?“

Eulenspiegel sagte Ja und als er zwei Tage Dienst getan hatte, trug ihm der Bäcker am Abend auf, bis zum Morgen allein weiterzuarbeiten. Er selbst könne ihm dabei nicht helfen. Eulenspiegel sprach: „Ja, aber was soll ich denn backen?“ Der Bäcker war ein zorniger Mann. Eulenspiegels Frage machte ihn böse und er antwortete voller Hohn: „Du willst ein Bäckerknecht sein und fragst, was du backen sollst? Was bäckt man denn so? Vielleicht Eulen und Meerkatzen?“ Dann legte er sich schlafen.

Eulenspiegel aber ging in die Backstube und machte aus dem Teig lauter Eulen und Meerkatzen, die ganze Backstube voll, und die buk er bis zum Morgen. Da stand der Bäckermeister auf und wollte Eulenspiegel bei der Arbeit helfen. Doch in der Backstube fand er weder Wecken noch Semmeln. Es gab nichts als Eulen und Meerkatzen.

Der Meister wurde zornig und sprach: „Beim Teufel, was hast du da gebacken?“ Eulenspiegel sagte: „Eulen und Meerkatzen, wie ihr es mich geheißen.“ Der Bäcker sprach: „Und was soll ich mit dem Narrenzeug anfangen? Solcher Art Brot ist mir zu nichts nütze. Das bringt mir keinen Pfennig ein.“ Er griff Eulenspiegel beim Kragen und sagte: „Bezahle mir den Teig.“ Eulenspiegel sprach: „Gewiss, aber wenn ich euch den Teig bezahle, gehört mir dann auch die Ware, die ich daraus gebacken habe?“ Der Meister entgegnete: „Was frage ich schon nach solcher Ware? Eulen und Meerkatzen haben in meinem Laden nichts verloren.“

Da bezahlte Eulenspiegel den Teig, packte die gebackenen Eulen und Meerkatzen in einen Korb und trug sie von der Bäckerei in die Herberge „Zum Wilden Mann“. Dabei dachte er: Hast du nicht oft genug gehört, in Braunschweig könne man alle Dinge zu Geld machen und sähen sie noch so seltsam aus?

Es traf sich, dass am nächsten Tag Sankt Nikolaus gefeiert wurde. Da stellte sich Eulenspiegel mit seiner Ware vor die Kirche. Er verkaufte alle Eulen und Meerkatzen und hatte am Ende viel mehr Geld eingenommen, als er vorher dem Bäcker für den Teig zahlen musste.

Der Bäcker erfuhr davon und wurde ärgerlich. Er lief zur Sankt-Nikolaus-Kirche, um Eulenspiegel noch Geld für das Holz und die anderen Backzutaten abzufordern. Doch Eulenspiegel war schon mitsamt dem Geld verschwunden und der Bäcker hatte das Nachsehen.

1 **Meerkatzen:** aus Afrika stammende Affenart, die so benannt ist, weil das Tier Ähnlichkeit mit einer Katze hat und über das Meer nach Europa gebracht worden ist.

1 *Lies die Geschichte aufmerksam durch.*

2 *Eulenspiegel war ein Schelm, ein Narr. Erklärt in eigenen Worten, worin die List Eulenspiegels besteht.*

3 *a) Jede Geschichte kannst du in Handlungsschritte unterteilen. In dieser Geschichte sind sie schon durch Absätze markiert. Suche für jeden Absatz eine passende Überschrift.*
b) Übernehme die Tabelle in dein Heft und trage deine Überschriften aus Aufgabe 3a in die Spalte „Handlungsschritte“ ein. Ergänze dann für jeden Handlungsschritt die Zeit- und Ortsangaben.

Zeitangaben (wann?)	Handlungsschritte	Ortsangaben (wo?)
– tagsüber	– Eulenspiegel lässt sich als Bäckerknecht einstellen.	– Braunschweig

4 *Sucht euch einen Partner oder eine Partnerin und erzählt euch gegenseitig die Geschichte. Überprüft mit Hilfe eurer Ergebnisse aus Aufgabe 3, ob ihr die Geschichte in der richtigen Reihenfolge wiedergegeben habt.*

5 *a) Teilt euch in Gruppen auf und überlegt, welche Botschaft Eulenspiegel dem Bäcker auf einer Postkarte zurücklassen könnte. Versetzt euch in die Rolle Till Eulenspiegels und schreibt eine Postkarte an den Bäckermeister von Braunschweig.*
b) Lest euch eure Karten gegenseitig vor und besprecht, was euch besonders gut gefallen hat.
c) Klebt eure Karten auf ein großes Plakat. Gestaltet das Plakat durch Bilder, Fotos oder Zeichnungen.

Wie Eulenspiegel in einem Bienenstock schlief

☐ „Aua!", schrie der Dieb. „Bist du denn ganz verrückt geworden?" Er dachte selbstverständlich, der andere Dieb sei es gewesen, und schimpfte schauderhaft. Der andere wusste nicht, was los war, und sagte: „Du bist wohl übergeschnappt? Ich schleppe an dem Bienenkorb wie ein Möbelträger und du bildest dir ein, ich hätte Zeit und Lust, dich an den Haaren zu ziehen! Zu dumm!" Eulenspiegel amüsierte sich königlich und nach einer Weile rupfte er den Hintermann am Haar, und zwar derartig, dass ihm ein Büschel Haare in der Hand blieb.

☐ „Wir werden den schwersten Korb nehmen", sagte der eine Dieb. „Je schwerer der Korb ist, umso mehr Honig hat er." „In Ordnung", sagte der andere. Und dann hoben sie die Körbe der Reihe nach hoch. Der schwerste war natürlich der, in dem Eulenspiegel lag. Und deshalb nahmen sie den, luden ihn sich auf die Schultern, schleppten ihn aus dem Garten auf die Straße hinaus und wanderten stöhnend und schwitzend ihrem Dorf zu.

☐ Einmal war Till mit seiner Mutter in einem Nachbardorf zur Kirchweih. Dort trank der Lümmel so viel Bier, dass er schon am hellen Mittag total betrunken war. Außerdem war er auch müde und suchte sich ein schattiges Plätzchen zum Schlafen.

☐ Dann stand er auf und ging seiner Wege. Er kehrte übrigens nicht zu seiner Mutter zurück, sondern verdingte sich bei einem Raubritter als Reitknecht. Obwohl er gar nicht reiten konnte! So ist es kein Wunder, dass ihn der Ritter sehr bald aus seiner Burg hinauswarf.

☐ „Nun wird mir's aber zu bunt!", brüllte der Dieb. „Erst träumst du, ich hätte dich an den Haaren gezogen. Und nun reißt du mir fast die Kopfhaut runter! So eine Frechheit!" „Blödsinn!", knurrte der andere. Sie stritten, fluchten und ächzten, dass Till Eulenspiegel beinahe laut gelacht hätte. Aber das ging natürlich nicht. Stattdessen riss er fünf Minuten später den Vordermann derartig am Haar, dass der mit dem Schädel an den Bienenkorb krachte, den Korb fallen ließ, sich umdrehte und dem Hintermann wütend mit beiden Fäusten ins Gesicht schlug. Nun ließ auch dieser Dieb den Korb fallen und warf sich mit aller Wucht auf den Vorderen. Im nächsten Augenblick lagen beide am Boden und rangen und schlugen und kratzten sich. Eulenspiegel aber blieb gemütlich in seinem Korb liegen und schlief weiter, bis ihn am Morgen die Sonne weckte.

☐ Stattdessen lag er, wie gesagt, in dem leeren Bienenkorb und schlief seinen Schwips aus. Gegen Mitternacht kamen zwei Diebe in den stillen, abgelegenen Garten und wollten einen Bienenkorb stehlen, um dann den Honig zu verkaufen.

☐ Eulenspiegel war natürlich aufgewacht und ärgerte sich, dass ihn die beiden Kerle geweckt hatten und nun auch noch nachts in ein Dorf schleppten, in dem er gar nicht wohnte. Als sie ihn so eine Weile getragen hatten, griff er vorsichtig aus dem Bienenkorb heraus und zog den Vorderen furchtbar an den Haaren.

☐ Dabei geriet er in einen stillen Garten, in dem viele Bienenstöcke standen. Es waren auch leere Stöcke darunter und in einen der leeren Bienenstöcke legte er sich und schlief ein. Er schlief von Mittag bis gegen Mitternacht. Und Frau Eulenspiegel, die ihren Herrn Sohn überall auf dem Kirchweihrummel gesucht hatte, dachte, er sei schon längst nach Hause gegangen.

6 *Dies ist auch eine Eulenspiegel-Geschichte. Die Textabschnitte sind allerdings durcheinander geraten.*
a) Nummeriere die einzelnen Textbausteine in der richtigen Reihenfolge, sodass eine sinnvolle und zusammenhängende Geschichte entsteht.
b) Vergleiche dein Ergebnis mit dem deiner Banknachbarin oder dem deines Banknachbarn. Überprüft gegenseitig die logische Abfolge der Geschichte.

7 *a) Vergleiche die beiden Eulenspiegel-Geschichten. Welche hat dir besser gefallen? Benote die beiden Geschichten und begründe deine Benotungen. Lege dazu einen Stichwortzettel an.*
b) Suche dir eine Partnerin oder einen Partner. Tragt euch gegenseitig eure „Urteilsbegründungen" vor.

8 *Erfinde eine eigene Eulenspiegel-Geschichte. Du kannst die folgenden Stichworte verwenden oder eigene finden.*

Dem einen helfen	Dem anderen einen Denkzettel verpassen	Mut machen

Wer, wo, wann …? – Einen Unfallbericht schreiben

Um einen Unfallbericht zu schreiben, benötigst du alle wichtigen Informationen über das Unfallgeschehen. Wie du diese Informationen erfragst und einen Unfallbericht schreibst, erfährst du hier.

Die „W-Fragen“

München. Am Mittwoch kam es in Schwabing zu einem schweren Verkehrsunfall. Gegen 16 Uhr fuhr ein 46-Jähriger aus Holzkirchen mit seinem Personenwagen mit Anhänger auf der Belgrader Straße stadtauswärts.

An der Kreuzung Hohenzollernstraße wollte er nach links in die Hohenzollernstraße abbiegen, beachtete aber ein entgegenkommendes Fahrzeug nicht.

Auf der Kreuzung kam es zum Zusammenstoß, wobei der 19-jährige Lenker des entgegenkommenden Fahrzeugs gegen einen Lastwagen geschleudert wurde, der an der Kreuzung wartete. Der 19-Jährige wurde eingeklemmt und musste durch die Feuerwehr befreit werden. Mit schweren Verletzungen wurde er in ein Münchner Krankenhaus eingeliefert. Der 46-Jährige und sein siebenjähriger Sohn wurden ebenfalls verletzt und in die nächste Ambulanz gebracht.

Beide Personenwagen erlitten Totalschaden und mussten ebenso wie der beschädigte Lastwagen abgeschleppt werden. Der gesamte Schaden wurde auf 10.000 € geschätzt. Für die Dauer der Rettungsmaßnahmen wurde die Kreuzung bis 17 Uhr gesperrt.

Wer war beteiligt?

Wo ist der Unfall geschehen?

Wann ist der Unfall geschehen?

Warum ist der Unfall geschehen?

Wie ist der Unfall vor sich gegangen?

Zusammenstoß auf Kreuzung.

Welche Folgen hatte der Unfall?

19-Jähriger schwer verletzt.

1 *Ein Unfallbericht beantwortet die wesentlichen W-Fragen.*
a) Lies den Zeitungsbericht genau und markiere alle Angaben, die die W-Fragen beantworten.
b) Beantworte jede W-Frage in Stichworten.

Einen Unfallbericht schreiben

Erich Kästner

Das fliegende Klassenzimmer

In dem Buch „Das fliegende Klassenzimmer" erzählt Erich Kästner über die Schulabenteuer in einem Internat. Im achten Kapitel sind die Schüler mitten in der Vorbereitung zu ihrem Theaterstück „Das fliegende Klassenzimmer".

Da drehte sich Matthias suchend um und fragte: „Wo ist denn eigentlich der Kleine? Er ist weg!"
Johnny sah auf die Uhr. „Es ist kurz nach drei", sagte er. „Uli hatte doch um drei Uhr irgendetwas vor."
„Freilich", rief Martin. „Auf dem Turnplatz draußen. Da bin ich aber neugierig."
Sie verließen die Halle und liefen zu dem Platz hinüber. Sie bogen um die Ecke und blieben wie angewurzelt stehen. Der Platz war voller Schüler. Und alle schauten zu der hohen Turnleiter hinauf, auf der Uli mühsam balancierte. Den aufgespannten Regenschirm hielt er hoch über sich. Martin flüsterte: „Um Gottes willen! Er will herunterspringen!" Und schon rannte er über den Platz und die anderen drei folgten ihm. Der Turnplatz war, trotz des Schnees, höllisch glatt. Johnny fiel hin.
„Uli!", schrie Matthias. „Tu's nicht!"
Doch in diesem Augenblick sprang Uli ab. Der Schirm stülpte sich sofort um. Und Uli sauste auf die verschneite Eisfläche hinab. Er schlug dumpf auf und blieb liegen. Die Menge rannte schreiend auseinander. Im nächsten Augenblick waren die vier Freunde bei dem Verunglückten. Uli lag leichenblass und besinnungslos im Schnee. Matthias kniete neben Uli und streichelte ihn in einem fort. Dann rannte Johnny ins Haus, um die Krankenschwester zu holen. Und Martin lief zum Zaun, kletterte hinüber und alarmierte den Nichtraucher. Der war ja Arzt. Er musste helfen. Und der Justus war auch noch bei ihm. [...]
Matthias, Martin, Johnny und Sebastian standen schweigend am Fenster des Vorsaals, der zur Krankenstube des Internats führte. Sie durften nicht hinein. [...]
Das Warten dauerte ja eine Ewigkeit. Da öffnete sich leise die Tür. Der Justus trat heraus und kam eilig auf sie zu.
„Es ist nicht sehr schlimm", sagte er. „Der Beinbruch ist unkompliziert. Und außerdem hat er leichte Quetschungen am Brustkorb. Gehirnerschütterung war nicht festzustellen. Also, Kopf hoch, Jungens!"
Die Freunde atmeten auf. Matz presste das Gesicht an die Fensterscheibe. Seine Schultern zuckten. Der Justus sah aus, als wolle er den großen Bengel streicheln. Er traute sich aber nicht recht. „In vier Wochen ist er wieder gesund", meinte Doktor Bökh. „Und jetzt will ich rasch den Eltern telefonieren, dass der Junge über Weihnachten hier bleiben muss."
Er wollte schon gehen. Da fragte er noch: „Könnt ihr mir, um alles in der Welt, erklären, warum er auf den idiotischen Einfall gekommen ist, mit dem Schirm von der Leiter herunterzuspringen?"
„Sie haben ihn immer alle geärgert", erzählte Matthias schluchzend. „Er sei ein Feigling, haben sie gesagt, und solche Sachen."
Matthias zog das Taschentuch heraus und putzte sich die Nase. „Und ich Rindvieh habe ihm gestern geraten, er müsse eben mal was zeigen, was den anderen imponiere."

2 *a) Lies den Text aufmerksam durch und markiere alle Informationen, die für einen Unfallbericht wichtig sind.*
b) Beantworte die W-Fragen in Stichworten.
c) Schreibe mit Hilfe deiner Stichworte einen Unfallbericht.

3 *Martin, Johnny und Matthias haben den Unfall gesehen. Schreibt die Zeugenaussagen dieser Jungen auf. Teilt euch dazu in Gruppen auf. Jede Gruppe notiert die Zeugenaussage von* ***einem*** *der drei Jungen.*

4 *Uli steht auf der Turnleiter und springt.*
Gestaltet diesen Satz in Partnerarbeit zum Höhepunkt einer Erlebniserzählung aus.
Versetzt euch in Ulis Situation und schreibt so anschaulich wie möglich über „die letzten Minuten vor dem Sprung".
Vergesst nicht, die Gedanken und Gefühle Ulis wiederzugeben.

Ein Experiment beschreiben

Vielleicht hast du selbst schon einmal einen einfachen Zaubertrick oder ein kleines Experiment vorgeführt und solltest dann erklären, wie dieser Zaubertrick oder dieses Experiment funktioniert.
Wenn du einen Vorgang beschreiben willst, musst du die einzelnen Schritte so anschaulich und genau beschreiben, dass andere sie selbst ausführen können.

Experimente aus Natur und Technik: Eine Farbe in ihre Bestandteile zerlegen

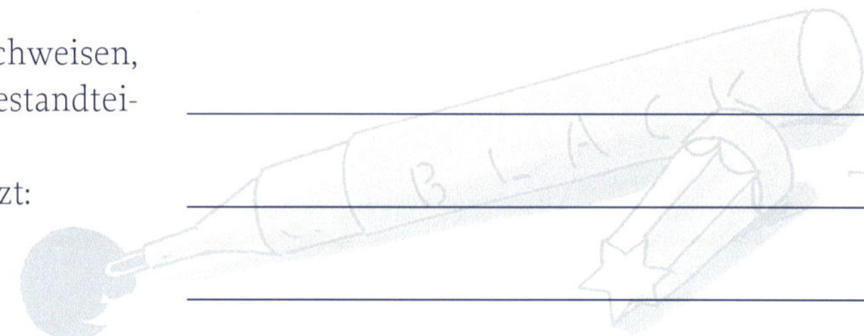

Mit dem folgenden Experiment lässt sich nachweisen, dass eine Filzstiftfarbe aus verschiedenen Farbbestandteilen zusammengesetzt sein kann.

Im Versuch werden folgende Materialien genutzt:

- ☐ zwei Gläser,
- ☐ drei runde Blätter aus weißem Filterpapier,
- ☐ zwei schwarze wasserlösliche Filzstifte.

Die runden Blätter aus Filterpapier lassen sich auch aus Kaffeefiltern selbst herstellen. Damit sie nicht in die Flüssigkeit rutschen, müssen die runden Blätter einen größeren Durchmesser haben als die Öffnungen der Gläser.

Die beiden Filzstifte sollten von verschiedenen Herstellern stammen.

Die Gläser werden halb mit Wasser gefüllt und nebeneinander auf den Tisch gestellt. In die Mitte des einen Filters malt man mit dem einen Stift einen sehr dicken Punkt. Die Mitte des zweiten Filters wird mit dem anderen Filzstift ebenso markiert. Der dritte Rundfilter wird mit der Schere in der Mitte durchgeschnitten. Jede Hälfte rollt man zu einem Docht zusammen. Die Dochte werden jeweils mitten durch den schwarzen Punkt der Rundfilter gesteckt.

Nun legt man die Rundfilter mit Docht auf die Wassergefäße. Der Docht muss dabei in das Wasser eintauchen …

1 *Lies den ersten Teil dieser Vorgangsbeschreibung aufmerksam durch.*

2 *Untersucht die Vorgangsbeschreibung in Partnerarbeit genauer.*
a) Unterteilt den Text in sinnvolle Abschnitte.
b) Wählt für jeden Abschnitt eine passende Teilüberschrift aus den Kästchen rechts aus und schreibt sie jeweils neben den Abschnitt.

Benötigtes Material

Teilvorgänge des Experiments

Versuchsaufbau

Beschaffenheit der Materialien

Ziel des Experiments

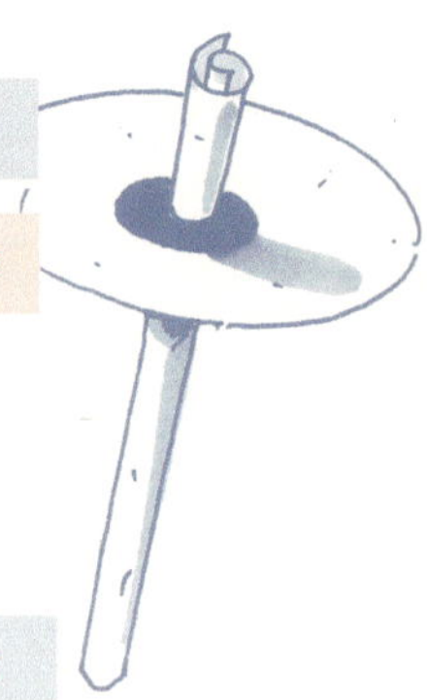

3 *a) Nummeriert die unten stehenden Zeichnungen zu dem Experiment in der richtigen Reihenfolge.*
b) Beschreibt eurem Partner oder eurer Partnerin, was während des Experiments geschieht. Eine der Zeichnungen hilft euch dabei.

☐ 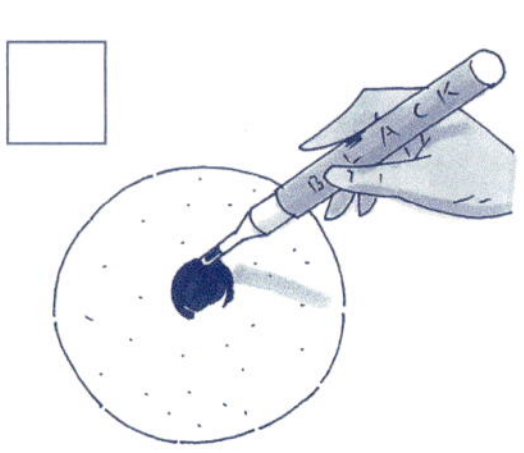

☐ 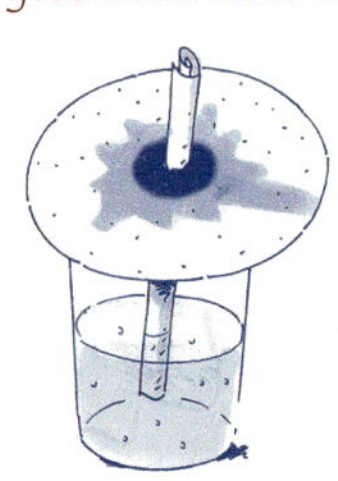

☐ 

☐ 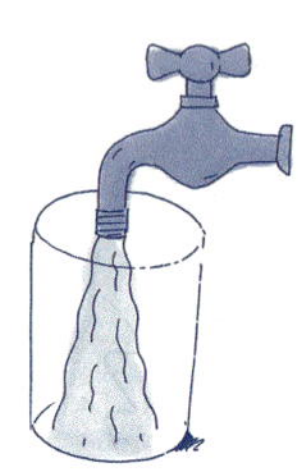

Im Lehrbuch wird das Ergebnis des Experiments so beschrieben:

Im Experiment „Zerlegen von Filzstiftfarben“ steigt das Wasser durch den Docht in das Filterpapier. Es breitet sich auf dem runden Filter von der Mitte her gleichmäßig aus. Auf dem Weg durch das Papier transportiert das Wasser einzelne Bestandteile der Filzstiftfarbe unterschiedlich weit mit, weil die Farbteilchen unterschiedlich schwer sind. So entstehen einfarbige oder mehrfarbige Ringe. Diese Farbbilder werden Chromatogramme genannt. Die Bezeichnung ist von den griechischen Wörtern *chroma* (Farbe) und *grámma* (Schriftzeichen) abgeleitet. Das beschriebene Verfahren wird Chromatografie (vom griech. Wort *graphein* = scheiben) genannt.

4 *a) Erklärt eurer Banknachbarin oder eurem Banknachbarn in eigenen Worten, was ein Chromatogramm ist.*
b) Klärt gemeinsam, welche Informationen ihr aus dem Text für eine Vorgangsbeschreibung übernehmen könnt. Unterstreicht diese Informationen.
c) Führt die Vorgangsbeschreibung von S. 16 gemeinsam zu Ende.

TIPP
Zur Kontrolle könnt ihr das Experiment auch selbst durchführen.

Auskristallisieren von Salzen

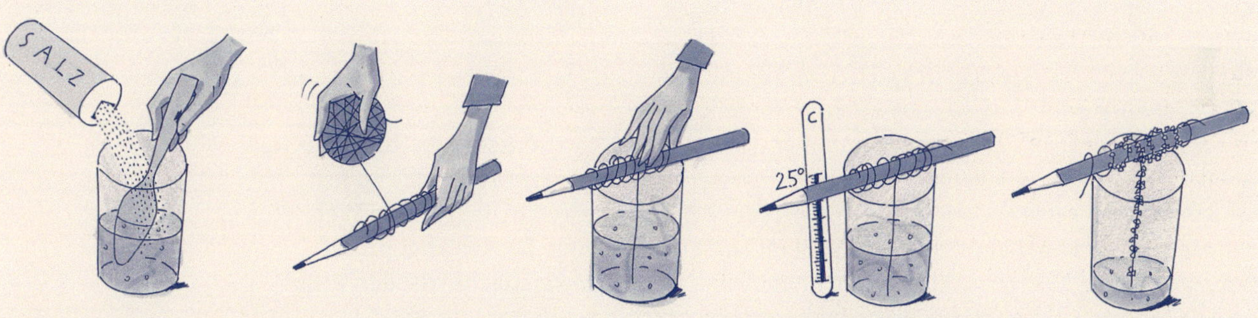

Gesättigte Salzlösung = so lange Salz in Wasser einrühren, bis sich kein Salz mehr auflöst

Achtung: nicht auf die Heizung stellen! Wasser langsam verdunsten lassen

Ergebnis

5 *Die Zeichnungen zeigen ein Experiment mit einer Salzlösung.*
a) Beschreibt eurer Banknachbarin oder eurem Banknachbarn, was auf der Zeichnung dargestellt ist.
b) Erklärt gemeinsam das Ergebnis des Experiments in Stichworten.
c) Schreibt zu jedem Teilvorgang in Stichpunkten auf, was jeweils geschieht.
d) Mit treffenden Verben und Adjektiven könnt ihr die einzelnen Teilvorgänge genau beschreiben. Ordnet die unten stehenden Verben und Adjektive aus den Kästchen den einzelnen Teilvorgängen zu.

allmählich · auflösen · vermischen · vollständig · legen · klar · dazugeben · festbinden · teilweise · kräftig · halb voll · verdunsten · warm · lauwarm · stellen · eintauchen

6 *Für die Beschreibung dieses Experiments brauchst du einige Fachwörter. Informiere dich in einem Nachschlagewerk, was die Fachbegriffe „gesättigte Lösung“, „Gemisch“ und „kristallisieren“ bedeuten.*

7 *a) Beschreibe das ganze Experiment in der richtigen Reihenfolge. Beginne mit dem Ziel des Experiments. Folgender Anfang kann dir dabei helfen:*
Lösungen aus unterschiedlichen Stoffen kann man in … zerlegen. So kann man aus einer … Salzlösung … gewinnen. Dieses besondere Verfahren heißt … von Salzen.
b) Erkläre zum Schluss deiner Vorgangsbeschreibung, warum man diesen Vorgang „Auskristallisieren von Salzen“ nennt.
c) Vergleiche dein Ergebnis mit dem eines Partners oder einer Partnerin.

TIPP
Lies deine Vorgangsbeschreibung jemandem vor, der das Experiment nicht kennt. Hast du das Experiment so verständlich beschrieben, dass es der andere versteht?

Rezepte schreiben

Vielleicht weißt du, wie du deinen Lieblingskuchen backst, aber weißt du auch, wie man einen Wunschpunsch herstellt? Lies den folgenden Text genau, dann kannst du die Anleitung für einen Wunschpunsch bestimmt selbst aufschreiben.

Michael Ende

Der Wunschpunsch

Der Zauberer Belzebub Irrwitzer und seine Erbtante Tyrannia Vamperl wollen in der Silvesternacht den satanarchäolügenialkohöllischen Wunschpunsch brauen, um sich selbst vor dem sicheren Untergang zu retten.

Inzwischen war im Labor die Arbeit bereits in vollem Gang. Als Erstes ging es darum, die verschiedenen Substanzen zusammenzusuchen, die zur Herstellung des satanarchäolügenialkohöllischen Wunschpunsches erforderlich waren. Der lange Pergamentstreifen lag auf dem Fußboden ausgerollt und war mit Bücherstapeln beschwert, damit er sich nicht wieder zusammenwickelte. Nachdem Irrwitzer und Tyrannia noch einmal gründlich die Gebrauchsanweisung am Anfang durchstudiert hatten, fingen sie nun mit dem eigentlichen Rezept an. Beide standen über den Text gebückt und entzifferten, was da geschrieben stand. Das wäre für Nicht-Zauberer ganz unmöglich gewesen, denn es handelte sich um eine ungeheure komplizierte Geheimschrift, den so genannten Infernal-Code. Doch dessen Entschlüsselung beherrschten sie beide aus dem FF. Außerdem waren die Angaben über die nötigen Grundsubstanzen anfangs noch relativ leicht verständlich. In unserer Schrift geschrieben, lautete der Beginn des Rezepts folgendermaßen:

Vierfach fließen durch die Hölle
Flüsse, dunkler Qualen Quelle:
Der Cocytus, Acheron,
Styx und Pyriphlegeton.
Eis und Feuer, Gift und Schlamm,
nimm davon je hundert Gramm.
Mix im Shaker flott und flink
Lügenpunsches Basis-Drink.

Wie jeder gut ausgerüstete Labor-Zauberer hatte auch Irrwitzer alle vier Substanzen in ausreichender Menge vorrätig. Während er sie zusammensuchte und dann andächtig in einem Spezialshaker mixte, las Tyrannia den nächsten Punkt vor:

Jetzo brauchst du flüssiges Geld:
Leg zehntausend Taler fest,
die du auf der ganzen Welt
armen Leuten abgepresst.
Flüssig mache nur den Zins –
drei viertel Liter sind's.
Schütte sie ins Glas hinein,
wahre den gesetzlichen Schein.

Wie man Geld flüssig machte, war der Hexe selbstverständlich bekannt. Binnen kurzem glänzten die drei viertel Liter aus kaltem Feuer. Ein goldener Schein verbreitete sich im Raum.
Nun goss Irrwitzer seine Höllenflüssigkeit aus dem Shaker dazu und das Leuchten erlosch. Schwarz wie die Nacht war nun der Sud, aber da und dort durchzuckten ihn Blitze, die wie pochende Adern aussahen und sogleich wieder verschwanden. Die dritte Anweisung lautete:

Krokodilstränen musst du vergießen
in reichlicher Menge (so viel du vermagst)
und lasse sie tropfenweise fließen,
indem du dein Opfer beklagst.
Nach kräftiger Rührung (doppelt gemeint)
Misch den geweinten Wein
In die vorige Mischung hinein,
bis sich beides völlig vereint.

1 *In diesem Textausschnitt verbirgt sich die Vorgangsbeschreibung für einen Wunschpunsch.*
a) Male zu den hervorgehobenen Textpassagen jeweils ein Bild.
b) Unterstreiche alle Angaben, die du für eine Vorgangsbeschreibung nutzen kannst.
c) Gliedere die Beschreibung in Teilvorgänge.

2 *Erkläre deinem Banknachbarn oder deiner Banknachbarin die Bedeutung von „Krokodilstränen" (Z. 50) und die Bedeutung von „doppelt gemeint" (Z. 54).*

3 *Verkürze den Text zu einer sachlichen Vorgangsbeschreibung für das Herstellen eines Wunschpunsches.*

Omas Nusskuchen

Dies ist ein Rezept meiner Großmutter. Schon als Kind habe ich diesen Kuchen sehr gemocht, weil er immer so schön saftig war und man ihn auch noch nach drei Tagen essen konnte.

Arbeitsmaterial:

saubere Arbeitsfläche, Rührschüssel, Handmixgerät, Messbecher, Kastenbackform.

Zutaten:

1/4 Liter Speiseöl, 350 g Zucker, 4 Eier, 1/4 Liter kochendes Wasser, 250 g geriebene Haselnüsse (ungeschält), Bittermandelaroma, 1 Päckchen Vanillezucker, 500 g Mehl, 2 Päckchen Backpulver, Haselnussglasur.

Backanweisung:

- Öl, Zucker, Eier in Schüssel schaumig rühren
- kochend heißes Wasser, geriebene Nüsse, Bittermandelaroma, Vanillezucker in die Schüssel dazugeben, unterrühren
- Backpulver mit Mehl vermischen, dann auch in die Schüssel geben, verrühren
- Backform einfetten, mit Mehl bestäuben
- Kuchenteig in Backform einfüllen
- bei 170° C eine Stunde backen
- nach dem Auskühlen mit Fettglasur überziehen

4 ***PARTNERARBEIT:*** *Beschreibt nach den Regeln der Vorgangsbeschreibung, wie man Omas Nusskuchen backt.*
a) Schreibt in Stichworten auf, was in jedem Teilvorgang geschieht.
b) Verfasst mit Hilfe eurer Stichworte die Vorgangsbeschreibung. Verknüpft die einzelnen Sätze durch passende Überleitungen.
c) Zeichnet Bilder zu den einzelnen Teilvorgängen, dann kann man eure Beschreibung noch besser verstehen.

5 *a) Jeder von euch beschreibt, wie sein Lieblingskuchen gebacken wird. Tauscht dann eure Beschreibungen untereinander aus.*
b) Wenn eure Eltern oder eure Mutter einverstanden sind/ist, könnt ihr zu Hause überprüfen, ob der Kuchen mit dieser Vorgangsbeschreibung gelingt.

Vorgangsbeschreibung

Wenn du einen Vorgang beschreibst (z. B. „Wie repariere ich ein Loch in einem Fahrradschlauch?"), dann ist es wichtig, den Ablauf so genau wiederzugeben, dass ihn andere selbst ausführen können. Auf den folgenden Seiten kannst du testen, ob dir dies gelingt.

Ein Loch im Fahrradschlauch flicken

☐ Ventil abschrauben; restliche Luft entweicht; um an den Schlauch heranzukommen, mit Schraubenzieher unter den Mantel greifen und diesen einseitig von Felge abziehen

☐ Schlauch ist wieder trocken; markierten Bereich mit einem kleinen Rubbelblech aufrauen (Klebstoff haftet besser)

☐ zum Schluss das komplette Rad wieder einhängen; Kette auflegen; Befestigungsmuttern des Hinterrades festziehen; dabei Rad so ausrichten, dass Felge Bremsbacken nicht berührt

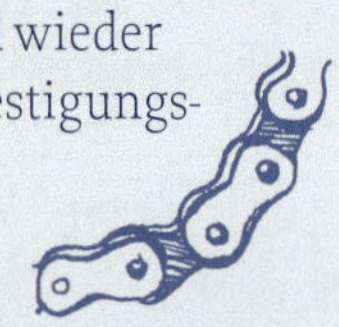

☐ vom bereitliegenden Gummiflicken die Schutzfolie ablösen; Gummiflicken fest auf vorbereitete Klebefläche drücken

☐ durch Eintauchen des Schlauchs in Eimer mit Wasser Stelle, wo Luft aus dem Schlauch austritt, durch aufsteigende Luftblasen schnell gefunden; diese Stelle mit einem wasserfesten Filzstift markieren

☐ um besser zu arbeiten, als Erstes Fahrrad auf den Kopf stellen

☐ um zu sehen, wo Luft aus dem Schlauch austritt, Schlauch vorsichtig herausziehen; Ventil wieder einsetzen und Schlauch aufpumpen

☐ wenn aus dem Schlauch keine Luft austritt, Luft wieder ablassen; die Ventilfassung durch die Felge schieben; Schlauch leicht aufpumpen und unter den Mantel schieben; dann Mantel auf die Felge drücken

☐ mehrfach über Flicken streichen, damit er festklebt; nach ca. fünf Minuten Schlauch aufpumpen und mit Hilfe des Wasserbehälters noch einmal Dichtigkeit des Schlauchs prüfen

☐ nun mit Hilfe des passenden Schlüssels die beiden Befestigungsmuttern des Hinterrades lösen; danach Verstrebung abschrauben (Verstrebung sichert die Bremse)

☐ Rad ist frei; Kette herunterziehen; Rad abnehmen

☐ anschließend Klebemittel auf den Schlauch auftragen, mit Finger leicht verreiben und warten, bis es ausreichend angetrocknet ist

1 *Wenn du ein Loch im Fahrradschlauch reparieren willst, brauchst du eine verständliche Anleitung. Auf der Seite 20 stehen Notizen für eine Arbeitsanleitung.*
a) Nummeriere die einzelnen Arbeitsschritte in der richtigen Reihenfolge.
b) Schreibe nach den Regeln der Vorgangsbeschreibung die Reparaturanleitung auf. Formuliere deine Anleitung in ganzen Sätzen.

TIPP

Eine Reparaturanleitung sollte diese Fragen beantworten:

- ☐ Was willst du genau reparieren?
- ☐ Welche Materialien und Werkzeuge brauchst du?
- ☐ Wie führst du Schritt für Schritt die Reparatur durch?

2 *Überarbeite deine Reparaturanleitung. Beachte dabei die folgende Checkliste und hake Schritt für Schritt die einzelnen Punkte ab.*

Checkliste zur Vorgangsbeschreibung

- ☐ Hast du die Teilvorgänge in der richtigen Reihenfolge beschrieben?
- ☐ Hast du den Vorgang so genau und verständlich beschrieben, dass andere ihn ausführen können?
- ☐ Hast du die einzelnen Teilvorgänge mit treffenden Adjektiven und Verben genau beschrieben?
- ☐ Hast du notwendige Fachbegriffe verwendet und erklärt?
- ☐ Sind deine Satzanfänge abwechslungsreich?
- ☐ Hast du als Zeitform das Präsens verwendet?
- ☐ Hast du die Rechtschreibung und die Zeichensetzung überprüft?

Was wäre, wenn ...

Du hast in diesem Schuljahr schon viele Texte und Geschichten kennen gelernt. Aber was wäre, wenn du selbst einen Text verfassen würdest? Auf diesen Seiten bekommst du eine kleine Anleitung, wie du dabei vorgehen kannst.

Susanne Kilian

Aber manchmal (1)

Wenn Herr Teubner aus seinem Wohnzimmerfenster schaut, sieht er sie – die ewig gleiche Mauer. Bei Sonnenschein, bei Regen, bei Schnee, bei Tag, bei Nacht: eine eintönig langweilige Backsteinmauer. Wenn er weiter ins Zimmer zurückgeht und zum Fenster schaut, sieht es aus, wie von außen zugemauert.

Aber manchmal, manchmal schaut Herr Teubner die Mauer an und denkt sich: „Man müsste Spiegel anbringen, riesige Spiegel vor die ganze Wand. Nicht gerade, so ein bisschen schräg nach oben, damit sich der Himmel darin spiegelt, blauer Himmel mit langsam ziehenden weißen Wolken. Ja, oder einfach ein Bild an der Mauer, wäre noch besser. Vielleicht eine Meerlandschaft, unten der Sandstrand gelb, dann das Meer blau, viele verschiedene Blautöne. Schiffe darauf und ein Sonnenuntergang dazu! Oder besser eine Gebirgslandschaft? Eigentlich hätte ich lieber die Berge vor meinem Fenster. Erst grüne Almen unten, ein Tal mit kleinem Dorf. Dann Berge, Berge mit Gipfeln voll Schnee. Man müsste die Bilder auswechseln können, je nach Stimmung. Oder doch Spiegel? Nachts würde sich der Sternenhimmel darin spiegeln. Man könnte ...“

1 *Bildet einen Erzählkreis. Sprecht darüber, ob ihr manchmal auch solche Wunschvorstellungen habt.*

2 *a) Wie könnte die Geschichte enden? Schreibe einen Schluss.*
b) Lest euch eure Geschichten gegenseitig vor. Besprecht, was euch an dem jeweiligen Ende der Geschichte besonders gut gefallen hat.

Susanne Kilian

Aber manchmal (2)

Es kommt vor, dass Gisela schon früh morgens aufwacht. Oder auch mitten in der Nacht. Oft kann sie noch lange nicht einschlafen, wenn Mama das Licht ausgeknipst hat. Sie dreht sich von der einen Seite auf die andere. Liegt auf dem Bauch, dann auf dem Rücken. Sie boxt die Kissen zurecht, verschränkt die Arme hinter dem Kopf und starrt die Zimmerdecke an.

Aber manchmal, manchmal starrt Gisela die Zimmerdecke an und denkt sich: ...

3 *a) Wähle ein schönes, vielleicht farbiges Papier und schreibe die Geschichte von Gisela zunächst ab.*
b) Was könnte sich Gisela manchmal denken? Vollende die Geschichte mit deinen eigenen Ideen.

4 *Ihr könnt auch gemeinsam eine „Aber manchmal, manchmal“-Geschichte schreiben.*
a) Denkt euch selbst eine Alltagssituation aus und beschreibt sie auf einem Blatt Papier.
b) Gebt das Blatt dann an euren linken Banknachbarn oder eure linke Banknachbarin weiter.
c) Schreibt nun die Geschichte eures Banknachbarn bzw. eurer Banknachbarin weiter. Beginnt mit „Aber manchmal, manchmal ...“.

TIPP

Ihr könnt eure Geschichten in einer Mappe sammeln. Verziert die Seiten mit Zeichnungen und Bildern. Gestaltet auch ein schönes Titelblatt für eure Sammelmappe.

Geschichten aus Noahs Arche

5 *Damit auf Noahs Arche keine Langeweile aufkommt, beschließen die Mitreisenden – Menschen und Tiere –, einander Geschichten zu erzählen. Und der Kapitän trägt sie alle getreulich in sein Bordbuch ein. So beschreibt es Sigrid Heuck in ihrem Buch „Geschichten aus Noahs Bordbuch".*

a) Versetze dich in einen Mitreisenden an Bord der Arche und schreibe deine Gedanken und Gefühle in der Ich-Form auf. Du kannst so beginnen:

„Ich halte es bald nicht mehr aus. Wann kommen wir endlich an? Die vielen Tiere, die hier sind, brauchen so viel Platz ..."

b) Teilt euch in Kleingruppen auf und tragt eure Gedanken und Gefühle vor. Achtet darauf, dass jeder zu Wort kommt.

6 *Erstellt aus euren Texten ein Bordtagebuch mit Aufzeichnungen aus Noahs Arche.*

a) Schreibt dazu eure Notizen auf ein schönes Blatt Papier und überlegt euch eine passende Überschrift. Natürlich darf auch euer Name nicht fehlen.

b) Heftet eure Blätter zu einem Bordtagebuch zusammen und gestaltet gemeinsam ein schönes Deckblatt.

Sigrid Heuck

Geschichten aus Noahs Bordbuch

Eines Abends will auch das Faultier eine Geschichte erzählen. Leider schläft es schon zu Beginn der Erzählung ein. Gemeinsam rätseln die anderen Reisenden, wie die Geschichte weitergehen könnte.

Also, wann geschah das, was du uns erzählen willst?, begann Ham, einer von Noahs Söhnen. Das Faultier schien zu überlegen. Das ist aber eine wirklich dumme Frage, fuhr ihn sein Vater an. Auf jeden Fall vor dem großen Regen. Und wo geschah es? Wollte das Zebra wissen. Natürlich im Urwald. Wo sonst? Das hab ich doch vorhin schon einmal gesagt! Kreischte der Tukan von hinten. Und wer war der Held der Geschichte? Rief eine vorwitzige kleine Gazelle. Wahrscheinlich ein Faultier. Erklärte ihr das Warzenschwein. Ein Faultier? Fragte das Kamel. So eines wie du? Das Faultier riss sein Maul auf, grunzte zufrieden und gähnte. Was machte es denn im Urwald? Gackerte das neugierige Huhn. Das, was es immer macht: fressen und schlafen, fauchte der Jaguar. Warum, wieherte das Pferd. Erstens, weil es immer hungrig ist, und zweitens, weil es gerne träumt, zirpte die Urwaldgrille. Was träumt es denn? Fragte der Pelikan. Sicher nicht immer das gleiche, erklärte der Kapitän. Und was träumte das Faultier damals vor dem großen Regen? Wollte das Krokodil wissen. Der alte Noah sah das Faultier an, aber es lächelte nur vor sich hin. Vielleicht träumte es davon, Urwaldkönig zu sein, summte die Biene, die immer schon gern mal Bienenkönigin werden wollte. Und davon, in einem grünen Blätter-Palast zu wohnen und von vielen Dienern bedient zu werden. Und wie ging es weiter?, miaute die Katze. Alle sahen das Faultier an. Es hing an dem Balken und schnarchte ein bisschen. Vielleicht hat eines Tages das alte weise Gürteltier dem König erzählt, dass irgendwo mitten im Urwald ein seltsamer Baum wächst, dessen Früchte so köstlich schmecken, dass sogar ein Urwaldkönig alle anderen Leckereien darüber vergisst. So muss es gewesen sein, sagte der Schimpanse. Aber wer hat die Früchte schließlich gebracht? Vielleicht hat es zuerst ein Indianer versucht? Vermutete Frau Noah. Ich kann mir so richtig vorstellen, wo er durch den Urwald streifte, wie ihn die Moskitos überfielen und er ...

7 *Erzählt gemeinsam die Geschichte des Faultiers.*

a) Setzt euch dazu im Kreis zusammen. Ein Erzähler liest den Anfang der Geschichte (Z. 1–36) laut vor. Reihum fügt jeder von euch einen weiteren Satz dazu. Tauscht euch am Schluss über eure Geschichte aus. War sie lustig, spannend, traurig, gruselig oder ...?

b) Erzählt noch einmal im Erzählkreis die Geschichte des Faultiers. Dabei dürft ihr nach und nach (z. B. nach jeweils drei Sätzen) bestimmte Wortarten nicht mehr benutzen: Lasst zuerst die Artikel weg. Dann dürft ihr keine Konjunktionen mehr verwenden. Versucht danach, die Geschichte ohne Adjektive weiterzuerzählen. Lasst zuletzt die Verben weg.

8 *Schreibt die witzigsten und gelungensten Geschichten auf.*

Gedichte schreiben

Das Gedichteschreiben bedarf einiger Übung. Wenn du aber ein paar Regeln beachtest, ist es ganz einfach – wie du auf diesen Seiten merken wirst.

Ein Haiku verfassen

Eine Gedichtform aus Japan, bei der man Silben zählt, heißt Haiku. Haikus geben Eindrücke über die Natur wieder. Oft werden zu den Haikus noch Zeichnungen gemalt: Die Stimmung des Gedichts wird dann sichtbar.

1 *Überlegt gemeinsam, welche Bilder, Gerüche, Stimmungen und Beobachtungen euch zum Thema „Natur" einfallen. Sammelt eure Ideen auf einem Plakat.*

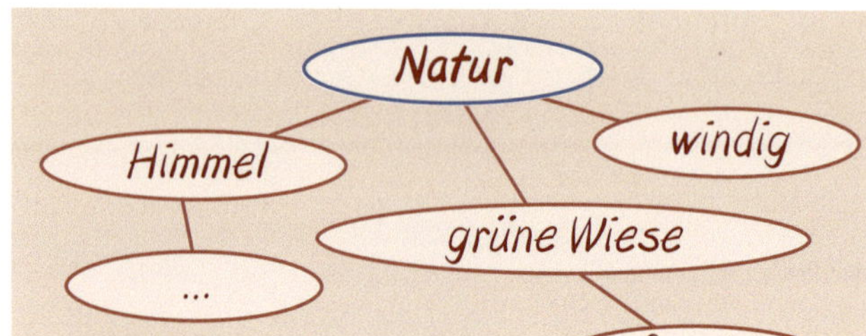

2 *a) Suche dir aus der Ideensammlung einige Wörter aus und schreibe einen Satz auf.*
b) Bilde aus deinem Satz ein Haiku und schreibe es auf ein besonders schönes Blatt. Beachte dabei die Form des Haikus.

Ein Haiku besteht aus 17 Silben:

1. Zeile: 5 Silben	Und auch die dürren,
2. Zeile: 7 Silben	Laublosen Äste nicht stumm:
3. Zeile: 5 Silben	Sie ächzen im Sturm.

c) Male ein Bild oder suche ein Foto, das zu deinem Haiku passt.
d) Präsentiert eure Gedichte auf einem Gedichte-Plakat oder sammelt eure Gedichte in einer Mappe.

TIPP
Tipps zum Gestalten eines Plakats oder zum Anlegen einer Gedichte-Mappe findet ihr auf S. 53.

Ein Gedicht umgestalten

Wolfgang Bächler

Der Nebel

Der Nebel ist unersättlich.
Er frisst alle Bäume, die Häuser,
die parkenden Autos,
die Sterne, den Mond.

Der Nebel rückt näher,
unförmig gemästet,
wird dicker und dicker,
drückt gegen die Mauer,
leckt an den Fenstern
mit feuchter Zunge,
mit grau belegter,
frisst alles,
frisst dich.

3 *Manche Gedichte kann man „neu dichten".*
a) Schreibe das Gedicht ab und schneide die einzelnen Verse auseinander.
b) Setzte nun das Gedicht nach deinem eigenen Empfinden neu zusammen.

4 *Lest euch eure „Nebel-Gedichte" vor und vergleicht sie mit dem Original. Was hat sich verändert?*

Theodor Fontane

Gorm Grymme

König Gorm herrscht über Dänemark,
Er herrscht die dreißig Jahr,
Sein Sinn ist fest, seine Hand ist stark,
Weiß worden ist nur sein Haar,
Weiß worden sind nur seine buschigen Brau'n,
Die machten manchen stumm;
In Grimme liebt er drein zu schaun –
Gorm Grymme heißt er drum.

Und die Jarls[1] kamen zum Feste des Jul[2],
Gorm Grymme sitzt im Saal,
Und neben ihm sitzt, auf beinernem Stuhl,
Thyra Danebod, sein Gemahl;
Sie reichen einander still die Hand
Und blicken sich an zugleich,
Ein Lächeln in beider Auge stand –
Gorm Grymme, was macht dich so weich?

Den Saal hinunter, in offener Hall',
Da fliegt es wie Locken im Wind,
Jung-Harald spielt mit dem Federball,
Jung-Harald, ihr einziges Kind,
Sein Wuchs ist schlank, blond ist sein Haar.
Blau-golden ist sein Kleid,
Jung-Harald ist heut fünfzehn Jahr,
Und sie lieben ihn allbeid'.

Sie lieben ihn beid'; eine Ahnung bang
Kommt über die Königin,
Gorm Grymme aber, den Saal entlang
Auf Jung-Harald deutet er hin,
Und er hebt sich zum Sprechen – sein Mantel rot
Gleitet nieder auf den Grund:
„Wer je mir spräche, ‚er ist tot',
Der müßte sterben zur Stund."

Und Monde gehn. Es schmolz der Schnee,
Der Sommer kam zu Gast,
Dreihundert Schiffe fahren in See,
Jung-Harald steht am Mast,
Er steht am Mast, er singt ein Lied,
Bis sich's im Winde brach,
Das letzte Segel, es schwand, es schied –
Gorm Grymme schaut ihm nach.

Und wieder Monde. Grau-Herbstestag
Liegt über Sund[3] und Meer,
Drei Schiffe mit mattem Ruderschlag
Rudern heimwärts drüber her;
Schwarz hängen die Wimpel; auf Brömsebro-Moor
Jung-Harald liegt im Blut –
Wer bringt die Kunde vor Königs Ohr?
Keiner hat den Mut.

Thyra Danebod schreitet hinab an den Sund,
Sie hatte die Segel gesehn;
Sie spricht: „Und bangt sich euer Mund,
Ich meld' ihm, was geschehn."
Ab legt sie ihr rotes Korallengeschmeid
Und die Gemme von Opal,
Sie kleidet sich in ein schwarzes Kleid
Und tritt in Hall' und Saal.

In Hall' und Saal. An Pfeiler und Wand
Goldteppiche ziehen sich hin,
Schwarze Teppiche nun mit eigener Hand
Hängt darüber die Königin,
Und sie zündet zwölf Kerzen, ihr flackernd Licht,
Es gab einen trüben Schein,
Und sie legt ein Gewebe, schwarz und dicht,
Auf den Stuhl von Elfenbein.

Ein tritt Gorm Grymme. Es zittert sein Gang,
Er schreitet wie im Traum,
Er starrt die schwarze Hall' entlang,
Die Lichter, er sieht sie kaum,
Er spricht „Es weht eine Schwüle hier,
Ich will an Meer und Strand,
Reich meinen rot-goldenen Mantel mir
Und reiche mir deine Hand."

Sie gab ihm nur einen Mantel dicht,
Der war nicht golden, nicht rot,
Gorm Grymme sprach: „Was niemand spricht,
Ich sprech' es: Er ist tot."
Er setzte sich nieder, wo er stand,
Ein Windstoß fuhr durchs Haus,
Die Königin hielt des Königs Hand,
Die Lichter loschen aus.

1 **Jarls:** Herzöge
2 **Jul:** Weihnachtsfest
3 **Sund:** Strand

5 *a) In dem Gedicht werden viele Farben verwendet. Markiere alle Farbbezeichnungen im Gedicht.*
b) Zeichne zu jeder Strophe ein aussagekräftiges Bild. Tauscht euch dann über eure Bilder aus und begründet, warum ihr gerade diese Bilder gemalt habt.

6 *a) Erzählt die Handlung des Gedichts mit Hilfe eurer Bilder nach.*
b) Jeder wählt seine Lieblingsstrophe aus und lernt sie auswendig. Tragt dann das Gedicht gemeinsam ausdrucksvoll vor.

Das Adjektiv

Adjektive heißen auch Eigenschaftswörter, weil sei angeben, wie Menschen, Tiere oder Dinge beschaffen sind. Sie zeigen aber auch an, wie oder auf welche Weise etwas geschieht. Auf diesen Seiten lernst du die Bedeutung von Adjektiven noch besser kennen.

1 *Tieren werden in Fabeln Eigenschaften zugesprochen, z. B.:* der dumme Esel.

a) Ordne jedem Tier das passende Adjektiv zu. Schreibe die Wortpaare in dein Heft und bilde die dazugehörige Pluralform, z. B.: der dumme Esel – die dummen Esel.

b) Finde Vergleiche mit Eigenschaften von Tieren und schreibe vergleichende Sätze in dein Heft, z. B.: Und er verschwand lautlos wie eine Katze.

Der Wolf und der Storch

Gierig verschlang der hungrige Wolf Stücke des Lamms, das er gerade erbeutet hatte. Da blieb ihm ein spitzer Knochen im Halse stecken. In seiner Not bat er den gutmütigen Storch um Hilfe und versprach ihm dafür eine Belohnung.

Der Langhals steckte seinen Kopf in den Wolfsrachen und holte geschickt den Knochen heraus. Als er aber seinen Lohn forderte, fletschte der Räuber die Zähne und brummte: „Sei froh, dass ich dir deinen Hals nicht abgebissen habe. Sonst kitzelt niemand ungestraft einen Wolf im Hals!"

2 *Mit Adjektiven kannst du Texte anschaulich gestalten.*

a) Markiere alle Adjektive in der Fabel.

b) Die Fabel kannst du noch anschaulicher erzählen. Schreibe die Fabel ab und ergänze möglichst viele passende Adjektive.

c) Formuliere einen Schluss (Lehre), der zu der Fabel passt.

d) Lest euch eure Fabeln gegenseitig vor und besprecht, was sich gegenüber dem Original verändert hat.

e) Diskutiert über die Wirkung von Adjektiven. Kann man auch zu viele setzen?

TIPP

Du kannst deine Fabel auch auf ein besonders schönes Blatt Papier schreiben. Markiere alle Adjektive mit Farbstiften und gestalte die Überschrift und die Lehre besonders schön. Male ein passendes Bild zu der Fabel.

3 *a) Übertrage die folgende Tabelle in dein Heft und ordne die Adjektive aus deinem Text der richtigen Spalte zu.*

Adjektiv bei einem Nomen	Adjektiv bei einem Verb
der hungrige Wolf	Gierig verschlang

b) Erkläre zusammen mit deinem Banknachbarn oder deiner Banknachbarin den Unterschied zwischen den Adjektiven in der linken Spalte (Adjektiv bei einem Nomen) und den Adjektiven in der rechten Spalte (Adjektiv bei einem Verb). Schreibt euer Ergebnis unter die Tabelle in euer Heft.

Adjektiv-Wettbewerb

4 *Viele Adjektive haben die Suffixe* ***-lich, -ig, -isch, -sam, -haft, -bar.***

a) Bildet in Zweiergruppen möglichst viele Adjektive mit diesen Suffixen und schreibt sie auf einen Zettel. Ihr habt drei Minuten Zeit!
Beispiel: freundlich, lustig, modisch, schweigsam, traumhaft, essbar ...

b) Nach drei Minuten stellt jede Gruppe ihr Ergebnis vor. Wer hat die meisten Punkte?
Punkteverteilung: *1 Punkt für jedes Adjektiv.*
1 Zusatzpunkt, wenn keine andere Gruppe dieses Adjektiv gefunden hat.
1 Zusatzpunkt, wenn durch ein Präfix noch ein weiteres Adjektiv gebildet wurde.
Beispiel: freundlich – unfreundlich.

Baron Münchhausen erzählt eine Lügengeschichte

Ich war mit einer wichtigen Botschaft für den Zaren in einer kalten Winternacht unterwegs nach Sankt Petersburg. Es war dunkel und ich war müde. Mitten im finsteren Wald stieß ich mit meiner Nase fast an eine alte Tanne. Ich legte mich auf den harten Boden darunter und schlief, trotz der grimmigen Kälte in der klaren Nacht rasch ein. Plötzlich weckte mich ein grauenhaftes Geräusch. Ein großer Wolf stand drohend vor meinem Pferd und seine weißen Zähne blitzten gefährlich. Ehe ich mich versah, sprang mein Pferd mutig über das gefährliche Tier hinweg und verschwand in den Wald. Nun war guter Rat teuer!

Adjektiv-Werkstatt

5 *Aus Nomen und Adjektiven kann man zusammengesetzte Adjektive bilden, z. B.: Staub + trocken = staubtrocken. Bilde mit den unterstrichenen Adjektiven aus dem Text neue Adjektive, indem du ein passendes Nomen voranstellst.*

6 *a) Schreibe den Text ab und ersetzte so viele Adjektive wie möglich durch das Gegenteil. Damit die Geschichte sinnvoll bleibt, musst du manchmal auch das Bezugswort ändern, z. B.: Ich war mit einer unwichtigen Botschaft für den Zaren in einer warmen* ***Sommernacht*** *unterwegs nach Sankt Petersburg. Es war ...*

b) Lest euch eure Geschichten gegenseitig vor. Wie wirken die Texte?

c) Schreibe die Lügengeschichte zu Ende. Du kannst die geänderte Fassung in deinem Heft zu Ende schreiben oder die Originalfassung.

Adjektiv-Memory!

7 *Teilt euch in Gruppen auf und erstellt ein Adjektiv-Memory mit Gegensatzpaaren, z. B.: hässlich – schön.*
BEACHTET: *Ihr braucht dazu Karteikärtchen, die alle gleich aussehen.*

Vorbereitung

- ▷ *Jede Gruppe einigt sich auf sieben Gegensatzpaare, die sie auf die Memorykärtchen schreiben will. Vergleicht eure Gegensatzpaare mit denen der anderen Gruppen, damit ihr kein Gegensatzpaar doppelt im Spiel habt.*
- ▷ *Jede Gruppe fertigt nun sieben Memorypaare an. Nehmt dazu Karteikarten (Din A 7) und faltet diese genau in der Mitte. Auf die linke Hälfte schreibt ihr ein Adjektiv und auf die rechte Hälfte ein Adjektiv mit der gegensätzlichen Bedeutung.*
- ▷ *Jetzt schneidet ihr die Karteikärtchen genau in der Mitte durch.*
- ▷ *Die Memorykärtchen aller Gruppen werden verdeckt auf einen großen Tisch gelegt und gemischt.*

Spielanleitung

- ▷ *Ein Schüler deckt zwei Karten auf. Sind die Wörter ein Gegensatzpaar, darf er die Karten behalten und zwei neue Karten umdrehen.*
- ▷ *Passen die Karten nicht zusammen, muss er sie wieder verdeckt ablegen. Der nächste Spieler ist dann an der Reihe.*
- ▷ *Sieger ist der Spieler mit den meisten Karten.*

Das Verb

Verben bezeichnen eine Tätigkeit, einen Zustand oder einen Vorgang. Was Verben alles leisten können und wie man sie einsetzt, erfährst du auf diesen Seiten.

Das Märchen von der Spinatprinzessin

„Gibt es denn nichts anderes als grünen Spinat?“, fragte Karoline ihre Mutter zum soundsovielten Mal. Doch die Königin sagte: „Du weißt, Kind, Spinat ist gesund!“

„Aber eines Tages werde ich vom vielen Spinat grüne Zähne, ja vielleicht sogar grüne Haare bekommen“, erwiderte Prinzessin Karoline trotzig und sie betrachtete feindselig den unansehnlichen Brei auf ihrem goldenen Teller. „Ich werde dann in einem Aquarium leben, wie eine Wasserpflanze“, stellte Karoline sich vor.

Doch was war das? Begannen sich nicht schon ihre Füße ein wenig zu verfärben? Hatte sie heute morgen tatsächlich grüne Strümpfe angezogen oder ...? Die Prinzessin starrte auf ihre Beine.

1 *a) Markiere in dem Märchen von der „Spinatprinzessin“ alle konjugierten Verben rot und die dazugehörigen Subjekte grün.*
__BEACHTE:__ Der Text enthält auch zusammengesetzte Verbformen.
b) Schreibe nun die konjugierten Verben mit den dazugehörigen Subjekten in dein Heft und bestimme Person, Numerus (Anzahl) und Tempus (Zeitform) der Verbformen, z. B.: es gibt – 3. Person Singular Präsens.

2 *Die Königin versucht, ihre Tochter Karoline zu überreden, ihren Teller Spinat aufzuessen. Verfasst in Gruppenarbeit einen Dialog zwischen der Königin und ihrer Tochter. Schreibt im Präsens und benutzt für die Anordnungen der Mutter auch den Imperativ (Befehlsform). Für die Vorstellungen der Tochter verwendet ihr das Futur.*
Königin: Iss jetzt deinen Spinat. Sonst darfst du heute ...

3 *a) Überlegt in Partnerarbeit, wie das Märchen weitergehen könnte, und schreibt das Märchen zu Ende. Beachtet dabei die typischen Märchenmerkmale.*
b) Tragt eure Märchen vor.
c) Verben drücken bestimmte Zeitformen (Tempora) aus. Unterstreicht in eurer Märchenfortführung alle Verben und untersucht ihre Tempora.
Begründet, warum ihr euch für das jeweilige Tempus entschieden habt.

TIPP

Du kannst in deinem Schulbuch nachschlagen, welche Merkmale ein Märchen hat.

4 *Eine Prinzessin, die grün wird, ist natürlich ein ganz besonderes Ereignis, über das auch die Zeitungen berichten wollen.*
a) Verfasse einen sachlichen Zeitungsbericht über die Prinzessin, die grün wurde. Schreibe im Präteritum.
b) Überlege dir eine beeindruckende Überschrift für diese Nachricht und schreibe sie über deinen Bericht.
c) Prämiert die beste Überschrift.

TIPP

Ein Bericht antwortet auf die W-Fragen:

Was ist geschehen? Wer war beteiligt?
Wo geschah es? Wann geschah es?
Wie und warum geschah es genau?
Welche Folgen hatte das Geschehen?

Otfried Preußler

Die kleine Hexe

„Ich weiß, was ich mache. Ich reite heut‘ nacht auf den Blocksberg!“

Der Rabe erschrak. „Auf den Blocksberg? – Das haben dir doch die großen Hexen verboten! Sie wollen beim Hexentanz unter sich sein.“

„Pah!“, rief die kleine Hexe. „Verboten ist vieles. Aber wenn man sich nicht erwischen lässt ...“

„Sie erwischen dich!“, prophezeite der Rabe.

„Ach, Unsinn!“, erwiderte sie. „Ich geselle mich zu den anderen Hexen, wenn sie schon mitten im Tanz sind – und ehe sie Schluss machen, reite ich wieder heim. Im Trubel, der heute Nacht auf dem Blocksberg herrscht, wird das nicht weiter auffallen.“

5 *Der Rabe Abraxas ahnt Schlimmes. Er versucht, die kleine Hexe von ihrem gefährlichen Plan abzubringen. Dazu malt er ihr in düsteren Farben aus, was auf dem Blocksberg passieren wird und welche Hexereien sich die anderen Hexen einfallen lassen werden, um ihr einen Denkzettel zu verpassen.*

a) „Sie werden dich erwischen!“
Schreibe diese Prophezeiung weiter. Denke daran, dass der Rabe Abraxas die kleine Hexe davon überzeugen will, nicht auf den Blocksberg zu reiten. Benutze das Futur.

b) Lest euch eure Texte gegenseitig vor. Habt ihr alle das Futur verwendet?

6 *Es kam anders: Die Muhme Rumpumpel entdeckt die kleine Hexe und zerrt sie vor die Oberhexe. Zur Strafe wird ihr Besen verbrannt und die kleine Hexe muss zu Fuß nach Hause laufen. Drei Tage und drei Nächte ist sie unterwegs. Wieder zu Hause, erzählt die kleine Hexe ihrem Raben Abraxas die ganze unglückselige Geschichte.*

a) Schreibt in Partnerarbeit auf, was die kleine Hexe ihrem Raben erzählt. Schreibt im Perfekt und achtet darauf, dass die Erzählung für den Raben auch nachvollziehbar ist. Ihr könnt folgendermaßen beginnen:

Stell dir vor, ich bin gerade auf dem Blocksberg angekommen und habe ...

b) Malt ein Bild vom Blocksberg, das zu der Erzählung der kleinen Hexe passt.

7 *a) „Ich werde mich rächen!“*
Welche Gedanken könnten der kleinen Hexe durch den Kopf gehen und welche Zukunftspläne könnte sie schmieden? Schreibe verschiedene Möglichkeiten auf und verwende dabei das Futur, z. B.:
Ich werde der bösen Hexe, die mich verraten hat, Eselsohren anhexen.

b) Male zu deinen Aussagen passende Bilder.

c) Gestaltet dann gemeinsam ein Plakat mit lauter verhexten Hexen auf dem Blocksberg.

Satzglieder finden: Subjekt und Prädikat

Ein Satz enthält gewöhnlich zwei oder mehrere Satzglieder. Satzglieder bestehen aus Wörtern oder Wortgruppen. Die wichtigsten Satzglieder in einem Satz sind das Prädikat und das Subjekt.

Astrid Lindgren

Ronja Räubertochter (1)

Mitten im Winter gerät Ronja mit dem Fuß in ein Erdloch der Rumpelwichte.

1. Es gab seit langer Zeit seltsame Erdlöcher im Matthiswald.
2. Seltsame Wesen lebten dort.
3. Man nannte diese Wesen Rumpelwichte.
4. Man erkannte sie leicht an ihren breiten Hinterteilen und ihren kleinen verhutzelten Gesichtern.
5. Die Rumpelwichte waren gemeinhin friedlich und taten nichts Böses.
6. Diese Wichte waren aber heute missvergnügt.
7. Sie starrten Ronja aus törichten Augen an.
8. Man durfte sich nicht fürchten im Matthiswald.
9. Das hatte Ronja von klein auf zu hören bekommen.
10. Sie hatte aber trotzdem Angst.
11. Ronja wollte nicht im Schnee liegen.
12. Sie zerrte vergeblich an ihrem Fuß.
13. Es wurde still im Wald.
14. Auf ihr Gesicht fielen große Flocken Schnee.
15. Ronja weinte verzweifelt.
16. Sie hörte eine Stimme in der Dunkelheit:
17. „Ronja, willst du denn nicht nach Hause?“
18. Ronja öffnete mühsam die Augen.
19. Birk stand vor ihr.
20. „Ich hab da unten deinen Ski gefunden und das ist dein Glück, denn sonst müsstest du hier liegen bleiben.“

1 *Stelle die Satzglieder im Text so um, dass der Text interessanter wird. Beginne bei den Sätzen 1–8 mit dem jeweils unterstrichenen Satzglied. Die folgenden Sätze musst du selbstständig umstellen.*
BEACHTE: *Die wörtliche Rede kannst du unverändert lassen.*

TIPP

Umstellprobe

Wörter oder Wortgruppen, die bei der Umstellung zusammenbleiben, sind jeweils ein Satzglied.

2 *a) Fragt bei jedem Satz nach einem Satzglied. Erstellt dazu einen Fragebogen zum Text. Lasst unter jeder Frage eine Zeile Platz für die Antworten.*

1. **Wo** *gab es seit langer Zeit seltsame Erdlöcher?*

b) Tauscht eure Fragebögen mit eurem Banknachbarn oder eurer Banknachbarin aus und beantwortet die Fragen. Schreibt das erfragte Satzglied auf und bestimmt es genau, z. B.:

1. **Wo** *gab es seit langer Zeit seltsame Erdlöcher?*
   → **im Matthiswald** (adverbiale Bestimmung des Ortes)

c) Überprüft dann gemeinsam eure Fragebögen. Habt ihr die erfragten Satzglieder gefunden und richtig bestimmt?

3 *a) Male ein passendes Bild zu der Geschichte von Ronja Räubertochter in dein Heft.*
b) Schreibe die Geschichte zu Ende. Achte darauf, dass du deine Satzanfänge abwechslungsreich gestaltest. Die Umstellprobe hilft dir dabei.

Subjekt und Prädikat

Astrid Lindgren

Ronja Räubertochter (2)

Ronja, die Räubertochter, springt mit Birk, dem Räubersohn, um die Wette.
„Du bist gar nicht so ungelenk“, sagte Birk und sprang ihr sofort nach.

Aber Ronja wartete nicht auf ihn. (3. Person Singular ______)

Mit einem neuen Sprung flog sie zurück über die Kluft. (______)

Danach sagte keiner von beiden mehr etwas. (______)

Verbissen und wie besessen sprangen sie über den Höllenschlund. (______)

Außer ihrem Keuchen hörte man nichts. (______)

Nur die Krähen krächzten ab und zu. (______)

Sonst war alles schauervoll still. (______)

Ronja hatte eine schreckliche Vorahnung. (______)

Gleich landen wir beide wohl im Höllenschlund. (______)

Aber dann hat dieses ewige Gehopse wenigstens ein Ende. (______)

Und dann rutsche Birk auf einem Stein aus. (______)

4 *Bestimme im Text Person und Numerus von Subjekt und Prädikat. Unterstreiche zuerst in jedem Satz das Prädikat, dann das Subjekt. Bestimme dann Person und Numerus von Subjekt und Prädikat.*

Astrid Lindgren

Ronja Räubertochter (3)

hören | spähen | verschwinden | schließen | kriechen | finden | stehen | ragen | wünschen

Und sie ◎ seinen Aufschrei, bevor er in der Tiefe ◎. Danach hörte sie nur noch die Krähen. Sie ◎ die Augen und ◎, diesen Tag hätte es nie gegeben. Schließlich ◎ sie bäuchlings bis an den Rand und ◎ in die Schlucht. Und da sah sie Birk. Er ◎ unmittelbar unter ihr auf einem Stein oder Balken oder was es nun war, das aus der geborstenen Mauer ◎. Nur gerade so weit, dass seine Füße dort Platz ◎, aber auch nicht mehr.

5 *In der Fortsetzung der Geschichte fehlen die Prädikate. Schreibe den Text vollständig ab und ergänze dabei die Lücken mit passenden Verben aus den Kästchen. Achte auf das richtige Tempus.*

6 ***Satzglieder-Spiel***

- ☐ *Jeder schreibt zu seinem linken Banknachbarn oder zu seiner linken Banknachbarin einen Aussagesatz auf einen Papierstreifen. Dieser Satz muss etwas Typisches über den Mitschüler oder die Mitschülerin aussagen und nett gemeint sein, z. B.:* Tim | verbreitet | gerne | gute Laune.
- ☐ *Jetzt markiert ihr die Satzglieder und schneidet dann jedes Satzglied ab.*
- ☐ *Legt alle Satzglieder auf einen großen Tisch, mischt sie und setzt sie gemeinsam neu zusammen. Achtet darauf, dass jeder von euch einen Satz legt.*

Satzglieder finden: Objekte

Neben dem Subjekt und dem Prädikat enthalten viele Sätze noch weitere Satzglieder, z. B. Objekte. Objekte stehen in einem bestimmten Kasus, der vom Verb abhängig ist. Auf diesen Seiten vertiefst du deine Kenntnisse über die verschiedenen Objekte.

1 *In dem Satz „Pippi singt." kann man ein Satzglied oder mehrere Satzglieder ergänzen.*
a) Schreibe drei Sätze mit nur einem weiteren Satzglied in dein Heft. Achte darauf, dass die Sätze nicht immer mit dem Subjekt beginnen.
b) Füge in drei weiteren Sätzen mehrere Satzglieder ein. Bestimme dann die Objekte in diesen Sätzen.

TIPP
Mit der Weglassprobe könnt ihr feststellen, welche Satzglieder notwendige Ergänzungen sind.

Astrid Lindgren

Pippi Langstrumpf (1)

Pippi Langstrumpf ist ein neunjähriges Mädchen, das allein in der Villa Kunterbunt lebt. Eines Tages, als sie mit ihren Freunden Annika und Thomas auf ihrer Veranda sitzt, kommen zwei Polizisten vorbei.

1. Die Polizisten wollten Pippi abholen und in ein Kinderheim stecken.
2. Sie glaubten dem frechen rothaarigen Mädchen nicht, dass es ganz gut alleine wohnen konnte.
3. Sie zogen ihre Uniformen zurecht und schauten Pippi streng an.
4. Als Pippi die beiden Polizisten sah, freute sie sich, denn am liebsten spielte sie Fangen mit der Polizei.
5. Sie machte einen großen Sprung und kletterte auf das Dach.
6. Gebannt beobachteten Annika und Thomas die Kletterkünste.
7. Pippi auf dem Hausdach hingegen konzentrierte sich auf den Absprung.
8. Schließlich sollten Annika und Thomas nicht ewig auf sie warten.
9. Am Schluss packte sie die beiden Polizisten am Gürtel und trug sie den Gartenweg entlang auf die Straße hinaus.

2 *Erfragt in Partnerarbeit die unterstrichenen Objekte in den Sätzen und bestimmt diese genau. Wechselt euch Satz für Satz ab.*
Beispiel: 1. Wen oder was wollen die Polizisten abholen? → Pippi (Akkusativobjekt)

Astrid Lindgren

Pippi Langstrumpf (2)

„Warum könnt ihr übrigens nicht bei mir frühstücken?", fragte Pippi. „Ja, richtig", sagte Thomas, „warum können wir das nicht? Kommt, wir gehen!"
„Ja", sagte Annika, „jetzt sofort."
„Aber erst muss ich euch Herrn Nilsson vorstellen", sagte Pippi. Und da nahm der kleine Affe den Hut ab und grüßte höflich. Und nun gingen sie durch die verfallene Gartentür der Villa Kunterbunt den Kiesweg entlang, an dessen Rändern alte moosbewachsene Bäume standen, richtig prima Kletterbäume, und hinauf zur Villa und auf die Veranda.
Da stand das Pferd und fraß Hafer aus einer Suppenschüssel.
„Warum in aller Welt hast du ein Pferd auf der Veranda?", fragte Thomas. Alle Pferde, die er kannte, wohnten in einem Stall.

„Tja“, sagte Pippi nachdenklich, „in der Küche würde es nur im Weg stehen. Und im Wohnzimmer gefällt es ihm nicht.“

Thomas und Annika streichelten das Pferd und dann gingen sie ins Haus. Da gab es eine Küche, ein Wohnzimmer und ein Schlafzimmer. Aber es sah so aus, als ob Pippi vergessen hätte, am Wochenende sauber zu machen. Thomas und Annika sahen sich vorsichtig um, ob der Negerkönig in einer Ecke säße. Sie hatten in ihrem ganzen Leben noch keinen Negerkönig gesehen. Aber kein Vater war zu sehen und auch keine Mutter und Annika fragte ängstlich:

„Wohnst du hier ganz alleine?“

„Aber nein, Herr Nilsson und das Pferd wohnen ja auch hier.“

„Ja, aber, ich meine, hast du keine Mama und keinen Papa hier?“

„Nein, gar nicht“, sagte Pippi vergnügt.

„Aber wer sagt dir, wann du abends ins Bett gehen sollst und all so was?“

„Das mach ich selbst“, sagte Pippi. „Erst sag ich es ganz freundlich und wenn ich nicht gehorche, dann sag ich es noch mal streng und wenn ich dann immer noch nicht hören will, dann gibt es Haue.“ Genau verstanden Thomas und Annika das nicht, aber sie dachten, dass es vielleicht ganz praktisch wäre.

3 *Sucht aus dem Text „Pippi Langstrumpf (2)“ alle Objekte heraus und bestimmt sie genau. Dazu könnt ihr folgendes Spiel ausprobieren:*

Das Objekt-Spiel

- Die Tafel wird in zwei Spalten aufgeteilt, eine für Dativobjekte und eine für Akkusativobjekte.
- Teilt euch in zwei Gruppen auf. Jede Gruppe ist für ein Objekt zuständig und hat einen Schriftführer, der an die Tafel geht.
- Jetzt liest eine Schülerin oder ein Schüler langsam, Satz für Satz den Text „Pippi Langstrumpf (2)“ (▶ S. 32–33) vor.
- Wenn z. B. ein Dativobjekt in einem Satz vorkommt, ruft einer aus der Dativobjekt-Gruppe „Stopp!“ und benennt dann das Dativobjekt.
- Der Schriftführer der jeweiligen Gruppe trägt an der Tafel das genannte Objekt in die entsprechende Spalte ein.
- Kontrolliert am Schluss, ob die Einträge jeder Gruppe vollständig und richtig sind. Für jeden falschen Eintrag und jedes nicht genannte Objekt gibt es einen Punkt Abzug. Die Gruppe mit den wenigsten Minuspunkten hat gewonnen.

4 *Nachdem Pippi in einem eiskalten Bach tauchen war, hat sie eine schwere Erkältung. Deshalb muss sie im Bett bleiben und langweilt sich fürchterlich. Annika und Thomas wollen ihr eine Genesungskarte schreiben.*

a) Gestaltet in Partnerarbeit eine Genesungskarte für Pippi Langstrumpf mit vielen guten Wünschen. Weil Pippi nicht gut lesen kann, müsst ihr die Wünsche mit passenden Bildern ergänzen.

b) Lest euch eure Karten gegenseitig vor. Wie viele Objekte findet ihr in der jeweiligen Karte?

c) Prämiert die schönste Karte.

5 *Ein Satz kann sich aus vielen verschiedenen Satzgliedern zusammensetzen. Baut gemeinsam eine Villa Kunterbunt, die euch eine Übersicht über die verschiedenen Satzglieder gibt.*

a) Tragt zusammen, welche Satzglieder ihr kennt und mit welchen Fragen ihr die einzelnen Satzglieder ermitteln könnt.

b) Teilt euch jetzt in Gruppen auf. Jede Gruppe übernimmt ein Satzglied und schreibt zu diesem einen Beispielsatz auf einen Pappkarton. Unterstreicht das jeweilige Satzglied. Schreibt die entsprechende Frageprobe dazu.

c) Bastelt aus den Pappkartons aller Gruppen eine Villa Kunterbunt. Malt dazu um eure Texte jeweils einen Hausteil der Villa und klebt dann die bunten Hausteile zusammen.

Subjekt

Pippi wohnt in der Villa Kunterbunt.

Frage: „Wer?“ oder „Was?“

Satzglieder finden: Adverbiale Bestimmungen

Neben dem Subjekt, dem Prädikat und dem Objekt gibt es noch ein weiteres wichtiges Satzglied: die adverbiale Bestimmungen. Sie geben die näheren Umstände eines Geschehens oder einer Handlung an. An einem spannenden Krimi kannst du sehen, wie wichtig adverbiale Bestimmungen sind.

Ein Fall für Hauptkommissar Glaser (1)

Es war um 8.50 Uhr. Die Münchener Polizei hatte sich (wann?) ______________________ mit dem Morddezernat in Verbindung gesetzt. Der Grund war ein 110-Anruf von einem gewissen Paul Schuster. Schuster hatte (wann?) ______________________ festgestellt, dass ihm die Milch ausgegangen war, war (wohin?) ______________________ gegangen und hatte die Tür (wie?) ______________________ vorgefunden. So habe er das Schreckliche gesehen, sagte er jedenfalls ... Glaser sah auf die Frau, die (wo?) ______________________ lag. (wo?) ______________________ befand sich ein großer getrockneter Blutfleck und obwohl man die Waffe entfernt hatte, war es deutlich, dass die Frau (wie?) ______________________ getötet worden war. „Wunderhübsches Mädchen“, sagte Glaser (wie?) ______________________. Dann wandte er seinen Blick ab von dem schrecklichen Anblick und sah (wohin?) ______________________, wo er den Polizeiarzt heraneilen sah.

1 *a) Ergänzt zusammen mit einem Partner oder einer Partnerin den Anfang dieser Kriminalgeschichte.*
b) Lest euch eure Geschichten gegenseitig vor und vergleicht eure unterschiedlichen Fassungen.

2 *a) Überlegt in Partnerarbeit, welche Auswirkungen es hat, wenn die adverbialen Bestimmungen weggelassen werden. Haltet euer Ergebnis in einem Satz fest.*
b) Stellt zusammen, in welchen Textsorten adverbiale Bestimmungen besonders wichtig sind.

Ein Fall für Hauptkommissar Glaser (2)

Bei seinen Untersuchungen stellte Hauptkommissar Glaser fest, dass kostbarer Schmuck im Wert von 50 000 Euro entwendet worden war. Während der Befragung erfuhr er, dass ein unbekanntes Auto am Abend zuvor die Einfahrt blockiert hatte. Voller Aufregung berichtete ein alter Mann, er habe das Kennzeichen notiert. Aufgrund dieses wichtigen Hinweises ordnete Glaser die Suche nach dem Wagen telefonisch an. Kurze Zeit später fanden zwei Streifenbeamte in der Innenstadt den gewaltsam aufgebrochenen Wagen.

3 *a) Markiere im Text „Ein Fall für Hauptkommissar Glaser (2)“ alle adverbialen Bestimmungen.*
b) Übertrage die Tabelle in dein Heft und ordne die adverbialen Bestimmungen in die jeweils passende Spalte ein.

Adverbiale Bestimmungen			
der Zeit	des Ortes	der Art und Weise	des Grundes
Bei seinen Untersuchungen	...	...	...

Ein Fall für Hauptkommissar Glaser (3)

Aufgrund der im Wagen gefundenen Fingerabdrücke nahmen die Beamten kurz darauf einen jungen Mann fest. Hauptkommissar Glaser verhörte den Mann in Ruhe. „Sie sind gestern Abend, 19.10 Uhr, dabei gesehen worden, wie Sie gerade das Haus am Gärtnerplatz 9 durch …“, hier räusperte er sich, „das Kellerfenster verließen. Ein unbequemer Ausgang, wie Sie inzwischen festgestellt haben werden. Außerdem gehört das Haus dem Bauingenieur Seidl. Der Seidl darf den ganzen Tag durch sein Kellerfenster aus- und eingehen, aber Sie, junger Mann, Sie heißen nicht Seidl, Sie heißen Renner …“

Nach dieser langatmigen Einleitung gab sich der Hauptkommissar wieder ganz dem Genuss seiner Zigarre hin. Es kümmerte ihn wenig, dass sein Gegenüber aufgesprungen war und die Fäuste schüttelte. „Alles ein Irrtum, Herr Hauptkommissar … Ich wollte die Seidls überraschen. Sie sind meine Freunde …“

Drei, vier Minuten wartete Glaser. Dann sagte er: „Ach …“ Und nach einer Weile: „Ach, machen Sie Ihre Besuche immer durchs Kellerfenster?“ „Ich sagte doch, es sollte eine Überraschung werden …“ „So, so.“ „Ich hatte ja keine Ahnung, dass die Seidls verreist waren. Also bin ich rein. Und als ich merkte, dass niemand da war, bin ich sofort wieder umgekehrt. Ich bin nicht mal bis ins Wohnzimmer gekommen … So war's!“ „So war's?“ „Genau so!“ Der Hauptkommissar grinste freundlich. „Interessant, diese Version … äußerst interessant … Wie ich gelesen habe, sind Sie Schreiner?“ „Ganz recht, Herr Hauptkommissar!“ „Aha.“ Glaser machte eine Pause, bevor er fortfuhr: „Wann haben Sie eigentlich erfahren, dass die Seidls verreist sind?“ „Ach, das war vor drei Tagen … eigentlich ganz durch Zufall.“ „Wissen Sie auch noch, wie spät es war, als Sie in das Haus eindrangen?“ „Natürlich! Es war genau 19.00 Uhr. Die Glocken haben gerade geläutet. Und die überhört man nicht.“ „Hm …“, brummte der Kommissar. „Noch eine letzte Frage. Ein Beamter behauptet, Sie hätten im Wohnzimmer den Fernseher laufen lassen … stimmt das?“ „Der Mann schüttelte energisch den Kopf: „Da irrt sich der Beamte. Ich weiß genau, dass ich ihn wieder abgeschaltet habe.“ „Fein“, freute sich Glaser, „das wär's. Sie können gehen!“ „Ich kann gehen?“ „Ja, in die Zelle, Sie sind in das Haus eingebrochen und als Sie dabei von der Frau überrascht wurden, haben Sie sie niedergestochen. Ich habe Sie beim Lügen ertappt: zweimal!“

4 *a) Durch welche zwei Lügen konnte der Kommissar den Verbrecher überführen? Schreibe dazu die Fragen des Kommissars aus dem Text heraus und stelle ihnen die Antworten des Verbrechers gegenüber.*

b) Besprich dein Ergebnis mit deinem Banknachbarn oder deiner Banknachbarin.

5 *Verfasse einen Polizeibericht über die erfolgreich abgeschlossene Untersuchung. Unterstreiche dazu alle wichtigen Informationen im Text. Ergänze fehlende Angaben selbst.* ***BEACHTE:*** *Denke daran, die genauen Umstände des Verbrechens durch adverbiale Bestimmungen anzugeben.*

TIPP

Ein Bericht antwortet auf die W-Fragen: Was ist geschehen? Wer war beteiligt? Wo geschah es? Wie und warum geschah es genau? Welche Folgen hatte das Geschehen?

6 *Schreibt selbst einen spannenden Krimi.*

a) Legt dazu in Gruppenarbeit einen Krimibaukasten an.

- *Eine Gruppe verfasst Karten mit kurzen Porträts von Personen, die in einem Krimi mitspielen können, z. B.:* Täterkarten, Opferkarten, Zeugenkarten …
- *Eine Gruppe notiert auf einzelne Karten wichtige Schauplätze, z. B.:* in einem Dorf, in der Großstadt, auf der Straße, bei einer reichen Familie …
- *Eine Gruppe schreibt Karten mit verschiedenen Detektivfiguren. Denkt dabei auch an Detektive, die ihr aus dem Fernsehen oder aus Erzählungen kennt.*
- *Eine Gruppe notiert in Stichworten verschiedene Handlungsverläufe oder -anfänge, z. B.:* A bringt B um, C gerät in Verdacht, doch es gelingt ihm, mit Hilfe von D seine Unschuld zu beweisen.

b) Zieht drei Karten aus drei verschiedenen Gruppen und schreibt mit Hilfe dieser Karten euren Krimi. Ihr könnt auch mit eurem Banknachbarn oder eurer Banknachbarin zusammenarbeiten.

c) Lest euch eure Krimis gegenseitig vor.

7 *Die Regeln des Erzählens gelten auch für einen Krimi. Ihr könnt eure Krimis noch einmal überarbeiten. Markiert dazu im Text „Ein Fall für Kommissar Glaser (3)“ die sprachlichen Mittel, die den Krimi besonders spannend und anschaulich machen. Überprüft dann, ob ihr in eurem Krimi diese sprachlichen Mittel berücksichtigt habt, und verbessert die Stellen, die ihr für weniger gelungen haltet.*

Wortarten und Satzglieder

Mit dem folgenden Test kannst du deine Grammatikkenntnisse überprüfen. Nach dem Test weißt du dann, in welchen Bereichen du sicher bist und was du vielleicht noch einmal besonders üben solltest.

Der Schiffsbart

Nach einer langen Fahrt bringen wir unser Schiff immer ins Dock[1]. Die ganze Mannschaft wird es heute von Muscheln und Meeresalgen reinigen. Allerlei Getier hat sich am Schiff angesiedelt. Wie ein Bart kleben diese Tiere am Rumpf. Manche Muscheln haben sich während der Reise am Schiffsrumpf festgesetzt. Sie schlagen wir mit dem Hammer ab. Krebse oder Schnecken lösen sich fast von selbst. Nach vielen Stunden haben wir den Rumpf endlich gesäubert. Aber auf See wird der „Bart" schnell wieder wachsen.

1 **Dock:** Anlage zum Ausbessern von Schiffen

1 *Im diesem Text über den Schiffsbart findest du Verben in verschiedenen Zeitformen (Tempora).*
a) Unterstreiche im Text alle Verbformen. ***BEACHTE:*** *Der Text enthält auch zusammengesetzte Verbformen.*
b) Bestimme das Tempus der Verbformen.

bringen: Präsens,

2 *Setze die Verben in das angegebene Tempus:*

bringen - (Plusquamperfekt)

reinigen - (Perfekt)

säubern - (Futur)

ansiedeln - (Präteritum)

3 *Bestimme die Wortart der angegebenen Wörter. Kreuze jeweils die zutreffende Wortart an.*

der	heute	langen	wir	allerlei
☐ Artikel	☐ Adjektiv	☐ Adverb	☐ Nomen	☐ Adjektiv
☐ Pronomen	☐ Adverb	☐ Adjektiv	☐ Pronomen	☐ Numerale
☐ Nomen	☐ Präposition	☐ Numerale	☐ Artikel	☐ Artikel

Der Feuersalamander

In schattigen, feuchten Bergwäldern und Schluchten kann man dem Feuersalamander begegnen. Seine gelb-schwarze Haut ist auffallend gefärbt. Manchmal stehen die gelben Flecken auch eng beieinander. Dann sehen sie aus wie gelbe Bänder. Im Harz kommen solche Feuersalamander oft vor. Feuersalamander halten sich tagsüber in unterirdischen Verstecken auf. In diesen unteririschen Verstecken gibt es sehr feuchte Luft. Wegen der hohen Luftfeuchtigkeit kann ihre Haut dort nicht austrocknen. Nachts steigt die Luftfeuchtigkeit. Dann kommen die Feuersalamander aus ihren Verstecken und suchen Würmer, Spinnen, Schnecken und Insektenlarven.

4 *a) Unterstreiche im Text alle adverbialen Bestimmungen.*
b) Übertrage die Tabelle in dein Heft und ordne die adverbialen Bestimmungen in die jeweils passende Spalte der Tabelle ein.

Adverbiale Bestimmungen			
der Zeit	des Ortes	des Grundes	der Art und Weise
...	...	...	...

c) Formuliere mit eigenen Worten in einem Satz, welche Aufgabe die adverbialen Bestimmungen in diesem Lexikonartikel haben.

____

____

____

5 *Bestimme die Satzglieder in den folgenden Sätzen.*
a) Lies dir jeden Satz genau durch und trenne dann die Satzglieder mit Trennstrichen voneinander ab. ***BEACHTE:*** *Wende dabei die Umstellprobe an.*
b) Bestimme in jedem Satz die Satzglieder und schreibe sie unter den entsprechenden Satz.

TIPP
Mit der Umstellprobe kannst du herausfinden, welche Wörter zu einem Satzglied gehören.

Tagsüber sind die Feuersalamander in unterirdischen Verstecken.

____

____

In diesen unteririschen Verstecken gibt es sehr feuchte Luft.

____

____

6 *Adjektive werden bei Vergleichen gesteigert. Steigere folgende Adjektive:*

schattig → ____________ → ____________

feucht → ____________ → ____________

eng → ____________ → ____________

Die Schärfung: Schreibung bei kurzen Vokalen

Nach einem kurz gesprochenen Vokal (a, e, i, o, u) oder Umlaut (ä, ö, ü) stehen meist zwei Konsonantenbuchstaben. Wenn es zwei verschiedene Konsonanten sind, kannst du sie beim Hören gut unterscheiden. Es können aber auch zwei gleiche Konsonanten (Doppelkonsonanten) sein, beim Sprechen hörst du dann nur einen Konsonanten. Wörter mit Doppelkonsonanten musst du besonders üben.

J. K. Rowling

Harry Potter und der Stein der Weisen (1)

Harry denkt, er sei ein ganz normaler Junge, den das Schicksal nur ein bisschen schlimmer beutelt, als unbedingt nötig wäre: Weil seine Eltern durch mysteriöse Ereignisse ums Leben gekommen sind, muss er bei seinen grässlichen Verwandten leben. Im Gegensatz zu seinem Cousin wird Harry sehr abfällig behandelt und muss sogar nachts unter der Treppe in einem Schrank schlafen.
Doch dann bekommt er einen Brief mit der Bitte, nach Hogwarts, der Schule für Hexerei und Zauberei, zu kommen. Dort lässt man ihn wissen, dass seine Eltern in der Welt der Zauberer und Hexen überall bekannt sind.
In Hogwarts schließt er schnell Freundschaft mit Ron Weasley und Hermine Granger und zusammen mit seinen neuen Freunden erlebt Harry spannende Abenteuer. Er entdeckt, welche Zauberkräfte in ihm stecken, lernt ein Ballspiel mit dem Namen Quidditsch kennen und findet den geheimnisvollen Stein der Weisen, der in den dunklen Kellern von Hogwarts verborgen ist.
Welche Rolle spielt der Stein der Weisen in der Welt der Zauberer? Harry erkennt den höllischen Plan von Lord Voldemort und beginnt zu kämpfen.

1 *a) Lies den Text mehrmals durch und markiere alle Wörter, bei denen auf einen betonten kurzen Vokal zwei gleiche Konsonanten (Doppelkonsonanten) folgen.*
b) Ordne die Wörter in eine Tabelle ein. Überlege, wie viele Spalten du anlegen musst.

TIPP
Statt verdoppeltem k schreibt man ck, z. B. Glück.
Statt verdoppeltem z schreibt man tz, z. B. Katze.

Wörter mit Doppelkonsonanten nach kurzem betonten Vokal

ck	ss	mm	...
...	...	...	...

c) Vergleiche dein Ergebnis mit dem deines Banknachbarn oder deiner Banknachbarin.

J. K. Rowling

Harry Potter und der Stein der Weisen (2)

Lange Zeit wu◎te Harry Potter nicht, da◎ Lord Voldemort seine Eltern getötet ha◎e.
Harry überlebte, weil seine Mu◎er ihn re◎ete. Die Liebe seiner Mutter beschü◎te ihn vor der tödlichen Macht des bösen Zauberers. Lord Voldemort ho◎t jeden Tag, neue Zauberer für sich und die Scha◎enwelt des Bösen zu gewi◎en. In Hogwarts wird Harry i◎er wieder in Kämpfe mit Lord Voldemort verwi◎elt.
Seine Freunde unterstü◎en ihn dabei, so gut sie kö◎en. Seit einer gewi◎en Zeit wi◎en seine Feunde auch, da◎ der Bli◎ auf seiner Stirn eine Narbe ist. Diese Narbe fügte ihm Lord Voldemort zu. I◎er, we◎ Harry in Gefahr schwebt, begi◎t seine Narbe zu bre◎en.

2 *a) In diesem Text über Harry Potter fehlen bei einigen Wörtern die Doppelkonsonanten.*
__PARTNERDIKTAT:__ Diktiert euch gegenseitig den Text. Vervollständigt die Lücken beim Lesen.
b) Tauscht dann eure Hefte aus und korrigiert gegenseitig eure Texte.

3 *a) In der folgenden Tabelle findest du in jeder Spalte ein Wort mit zwei Doppelkonsonanten. Suche für jede Spalte fünf weitere Beispiele und schreibe sie in die Tabelle. Wenn du unsicher bist, wie ein Wort geschrieben wird, schlage im Wörterbuch nach.*

ss	mm	tt
wusste	immer	Schattenwelt

b) __PARTNERDIKTAT:__ Diktiert euch gegenseitig die Wörter aus eurer Tabelle. Tauscht dann eure Hefte aus und kontrolliert genau. Nehmt eure Fehlerwörter in die Rechtschreibkartei auf.

TIPP
Wie du eine Rechtschreibkartei anlegst und mit deinen Fehlerwörtern üben kannst, erfährst du auf S. 41.

4 *a) Teilt euch in Gruppen auf und schreibt gemeinsam eine kurze Geschichte, in der Harry ein spannendes Abenteuer erlebt.*
Folgende Wörter sollten in eurer Geschichte vorkommen:

hinfallen – Bett – scharren – Stimme – klirren – erkennen – rütteln – Schloss – aufpassen – schnell – Treppe – öffnen – knarren – Zimmer – packen

b) Findet eine passende Überschrift für eure Geschichte, die den Leser neugierig macht.
c) Lest euch eure Geschichten gegenseitig vor und besprecht, was euch besonders gut gefallen hat.

Die Dehnung: Schreibung bei langen Vokalen

Im Deutschen gibt es verschiedene Schreibweisen für lang gesprochene Vokale oder Umlaute. Es gibt dabei Wörter, die du besonders üben musst. Einige Vorschläge zum Üben findest du hier.

Otfried Preußler

Die kleine Hexe

Es war einmal eine kleine Hexe, die war erst einhundert-s◎benundzwanzig J◎re alt, und das ist ja für eine Hexe noch gar kein Alter. Sie w◎nte in einem Hexenhaus, das stand einsam im t◎fen Wald.

Wie der leibhaftige Wirbelwind stürmte die kleine Hexe auf dem neuen B◎sen dahin. Mit flatternden H◎ren und wehendem Kopftuch brauste sie über die Dächer und G◎bel des Dorfes. Abraxas hockte auf ◎rer Schulter und krallte sich m◎sam fest.

„Aufpassen!“, krächzte er plötzlich. „Der Kirchturm!“ Gerade noch rechtzeitig konnte die kleine Hexe den Besen zur Seite rucken, sonst wäre sie h◎rgenau an der Turmspitze hängen gebl◎ben. Nur die Schürze verfing sich am Schn◎bel des eisernen Wetterh◎nes. Ratsch! Riss sie mitten entzwei.

„Fl◎g doch langsamer!“, schimpfte der R◎be. „Mit d◎sem verdammten Ger◎se wirst du dir noch den Hals brechen. Bist du den toll geworden?“

„Ich nicht“, r◎f die kleine Hexe, „aber der Besen! Das B◎st ist m◎r durchgegangen!“

Mit neuen Besen ist es genau wie mit jungen Pferden: Man muss sie erst z◎men und zureiten. Wenn es dabei nur mit einer zerrissenen Schürze abgeht, so darf man von Glück s◎gen.

1 *Im Text findest du Wörter mit einem lang gesprochenen Vokal oder Umlaut. Diese Wörter können unterschiedlich geschrieben werden:*

- ☐ *Ein langer Vokal oder Umlaut wird meistens nur mit einfachem Buchstaben geschrieben, z. B.: **Wagen, müde**.*
- ☐ *Ein langer Vokal oder Umlaut wird oft mit **h** geschrieben, z. B.: **fahren, kühl**.*
- ☐ *Bei einigen Wörtern ist der lange Vokal verdoppelt, z. B.: **Boot, Schnee**.*
- ☐ *Das lange i wird meistens **ie** geschrieben, z. B.: **gießen, ziemlich**.*

a) Schreibe den Text über die kleine Hexe ab und ergänze dabei die fehlenden Buchstaben.

b) Vergleiche dein Ergebnis mit dem deiner Banknachbarin oder deines Banknachbarn.

TIPP

Vokale: a, e, i, o, u
Umlaute: ä, ö, ü

2 *a) Überlege dir weitere fünf Wörter, bei denen der lange Vokal oder Umlaut mit einem **h** geschrieben wird, und schreibe sie in dein Heft.*

*b) **PARTNERDIKTAT:** Diktiert euch gegenseitig eure Wörter. Tauscht dann eure Hefte aus und kontrolliert genau.*

c) Nehmt eure Fehlerwörter in eine Rechtschreibkartei auf.

TIPP

Wie du eine Rechtschreibkartei anlegst und mit deinen Fehlerwörtern üben kannst, erfährst du auf S. 41.

Eine Rechtschreibkartei anlegen

3 *Jeder macht andere Rechtschreibfehler. Deshalb ist es wichtig, dass du deine eigenen Fehlerwörter sammelst und immer wieder übst. Dabei hilft dir die Rechtschreibkartei.*

a) Schreibe auf die Vorderseite der Karteikarte das Wort, das du falsch geschrieben hast. Markiere die Stelle, die du falsch geschrieben hast.

b) Ergänze drei bis vier verwandte Wörter zu deinem Fehlerwort. Oder bilde einen Satz mit deinem Fehlerwort.

c) Wenn es zu deinem Fehlerwort eine Regel gibt, schreibe diese auf die Rückseite der Karteikarte.

Vorderseite	Rückseite
wo<u>h</u>nen:	Regel:
Wohnung, bewohnen, wohnlich,	Ein langer Vokal wird oft
Einwohner	mit h geschrieben.
Ich wohne in München.	

4 *Im Folgenden findest du drei Vorschläge, wie du mit deiner Fehlerkartei üben kannst.*

Übung 1

- Nimm etwa zehn Kärtchen aus deiner Rechtschreibkartei und schreibe die Fehlerwörter als Wortliste auf, z. B.:
  - Fluss, endlich, Wahrheit, Zähne, schwierig
  - Hand, aufpassen, Gruß, kommen, Antrieb
- Lies eine Wortliste mehrmals und präge dir die Schreibung ein.
- Decke die Wörter ab und schreibe sie aus dem Gedächtnis auf.
- Kontrolliere anschließend genau.

Übung 2

- Übt die Fehlerwörter als Partnerdiktat. Jeder wählt aus der Rechtschreibkartei des anderen Wörter aus.
- Diktiert euch gegenseitig die Wörter.
- Kontrolliert gemeinsam.

Übung 3

- Jeder schreibt auf eine Karteikarte oder einen Zettel ein Fehlerwort, das er besonders üben will.
- Sammelt die Karteikarten bzw. eure Zettel ein und legt sie auf einen Stapel.
- Ein Spielleiter oder eine Spielleiterin zieht eine Karte bzw. einen Zettel aus dem Stapel und diktiert das Wort.
- Eine Schülerin oder ein Schüler schreibt das Wort verdeckt an die Tafel und die übrigen schreiben es in ihre Hefte.
- Kontrolliert gemeinsam. Wer das Wort richtig an die Tafel geschrieben hat, wird neuer Spielleiter.

Die Schreibung des s-Lautes: s, ss oder ß?

Wörter mit s-Laut können mit **s**, **ss** oder **ß** geschrieben werden. Auf dieser Seite wiederholst du die Regeln zur Schreibung des s-Lautes und übst, Wörter mit s-Laut richtig zu schreiben.

Michael Ende

Jim Knopf und Lukas, der Lokomotivführer (1)

Jim Knopf, Lukas und die Lokomotive Emma kämpfen gegen den Drachen Frau Mahlzahn.

„Chchchchch!", fauchte er. „Zur Begrüßung werde ich dich erst einmal tüchtig durchprügeln, mein Herzchen, dass dir dein vorlautes Mundwerk vergeht!" Und er griff mit seiner riesigen Tatze nach dem Jungen. Aber Jim wich geschickt aus. Der Drache schlug mit dem Stock um sich, aber die Hiebe gingen ins Leere. Wie ein Wiesel lief Jim um das große steinerne Pult und die Schulbänke herum. Der Drache blieb ihm hart auf den Fersen, aber es gelang ihm nicht, den Jungen zu erwischen. Er wurde immer erboster und vor Wut und Ärger lief er rot und grün an und auf seinem Leib bildeten sich überall Warzen und Beulen. Es war wirklich ein äußerst unappetitlicher Anblick. Jim geriet allmählich außer Atem. Er musste husten und nach Luft ringen, denn der Drache spuckte fortwährend Rauch und Feuer. Da endlich erscholl Emmas heller Pfiff. Der Drache fuhr herum und erblickte durch die Rauchschwaden ein Furcht erregendes Ungetüm, das mit hell flammenden Augen auf ihn zukam. Dieses Ungeheuer schien zwar nicht so groß zu sein wie er selbst, aber dicker und kräftiger.

„Was wollen Sie hier?", kreischte der Drache in äußerster Wut. „Wer hat Ihnen erlaubt ...?" Weiter kam er nicht mehr, denn Emma brauste wie ein Orkan auf ihn los und versetzte ihm mit ihren Puffern einen heftigen Stoß.

1 *Suche zusammen mit einer Partnerin oder einem Partner alle Wörter mit stimmhaftem s-Laut aus dem Text heraus und schreibe sie in dein Heft.*
BEACHTET: *Lest den Text zuerst laut und achtet dabei besonders auf die verschiedene Aussprache des s-Lautes.*

2 *a) Übertrage die Tabelle in dein Heft und ordne zusammen mit einer Partnerin oder einem Partner alle Wörter mit* ***ss*** *und* ***ß*** *in die entsprechende Spalte ein.*

stimmloser s-Laut	
ss nach kurzem Vokal	**ß** nach langem Vokal oder Diphthong
...	...

b) Markiert die kurzen Vokale vor dem s-Laut mit einem Punkt und die langen Vokale oder Diphthonge mit einem Strich.

c) Sucht für jede Spalte vier weitere Beispiele und schreibt sie in die Tabelle. Wenn ihr unsicher seid, wie ein Wort geschrieben wird, schlagt im Wörterbuch nach.

3 *a) Für die Schreibung des s-Lautes sind zwei Dinge entscheidend:*
- ☐ *Wird der s-Laut stimmhaft oder stimmlos gesprochen?*
- ☐ *Ist der Vokal vor dem s-Laut kurz oder lang?*

Formuliere zusammen mit einer Partnerin oder einem Partner die Regeln für die s-Schreibung.

b) Gestaltet in Gruppenarbeit Plakate mit Regeln zur Schreibung des s-Lautes. Schreibt auf jedes Plakat eine Regel und erfindet einen Beispielsatz zu Jim Knopf. Malt ein passendes Bild auf euer Plakat.

„das“ oder „dass“?

Michael Ende

Jim Knopf und Lukas, der Lokomotivführer (2)

Jim Knopf und Lukas, der Lokomotivführer, treffen auf ihrem Weg in die Drachenstadt Nepomuk, einen Halbdrachen mit großen runden Augen.

„Hu hu hu!“, heulte __________ kleine Ungeheuer. „__________ hat mir gerade noch gefehlt. Nicht mal Menschen halten mich für einen richtigen Drachen. __________ ist ein Unglückstag heute. Hu hu huuuuu!“ „Aber natürlich finden wir, __________ du ein richtiger Drache bist“, sagte Lukas begütigend. „Wenn wir überhaupt vor irgendwas in der Welt Angst hätten, dann wärst du es. Nicht wahr, Jim?“ Dabei zwinkerte er seinem Freund zu. „Natürlich“, bestätigte Jim. „Aber wir sind zufällig Leute, die niemals Angst haben. Sonst hätten wir schon welche vor dir, und nicht zu wenig!“ „Ach“, jammerte der Drache und schluckte bekümmert, „ihr wollt mich nur trösten.“ „Nein wirklich!“, versicherte Lukas. „Du siehst doch sehr schrecklich aus.“ „Ja“, meinte Jim, „ganz scheußlich und furchtbar.“ „Wirklich?“, fragte der Drache ungläubig und sein dickes Gesicht begann vor Vergnügen zu strahlen. „Ganz bestimmt“, sagte Jim. „Findet denn jemand, __________ du kein richtiger Drache bist?“

4 *a) Lest den Text gemeinsam mit einem Partner oder einer Partnerin und setzt in die Lücken „das“ oder „dass“ ein. Begründet eure Entscheidung.*
b) Formuliert gemeinsam eine Regel zur Unterscheidung von „das“ und „dass“.

Michael Ende

Jim Knopf und Lukas, der Lokomotivführer (3)

Jim Knopf, Lukas und Emma, die Lokomotive, haben die Prinzessin Li Si aus der Drachenstadt befreit und bringen sie nun nach Hause zu Ihrem Vater, dem Kaiser von China.

Wie ein Lauffeuer flog die Botschaft von Mund zu Mund und in kürzester Zeit wusste jedermann in Ping, bis herab zum winzigsten Kindeskind, was für ein überaus freudiges Ereignis noch diesen Morgen bevorstand. Und da auch nicht einer in der ganzen Stadt war, der nicht auf irgendeine Weise mithelfen wollte, den Empfang der Heimkehrer so festlich wie möglich zu gestalten, waren in kürzester Zeit alle Straßen, durch die die Lokomotive auf ihrem Weg zum Palast kommen musste, mit Blumen, Bändern, Fahnen, Luftschlangen und Transparenten geschmückt. Und zu beiden Seiten der Straßen stand die Menschenmenge dicht gedrängt und wartete auf den Einzug der ehrenwerten Helden. Und schließlich kamen sie. Emma musste langsam fahren, denn der angekettete Drache war so schwach, dass er sich nur mühsam und Schritt für Schritt hinter ihr herschleppen konnte. Im Führerhäuschen standen Lukas und Jim und winkten aus den Fenstern nach links und rechts. Auf dem Dach saßen die Kinder und in ihrer Mitte stand Li Si, die kleine Prinzessin.

5 *a) Diktiert euch gegenseitig den Text.*
b) Tauscht anschließend eure Hefte aus und kontrolliert genau. Ist ein Wort falsch geschrieben, streicht es durch und schreibt es richtig darüber.
c) Nehmt eure Fehlerwörter in eine Rechtschreibkartei auf.

6 *Verfasst einen Zeitungsbericht über die Heimkehr der Prinzessin für die chinesische Zeitung. Gestaltet die Wörter mit s-Laut in eurem Bericht besonders schön. Wenn ihr bei der Schreibung eines Wortes unsicher seid, schlagt im Wörterbuch nach.*

TIPP

Wie du eine Rechtschreibkartei anlegst und mit deinen Fehlerwörtern üben kannst, erfährst du auf S. 41.

Rechtschreibung und Zeichensetzung

Mit dem folgenden Test kannst du deine Kenntnisse in den Bereichen der Rechtschreibung und Zeichensetzung überprüfen. Nach dem Test weißt du dann, in welchen Bereichen du sicher bist und was du vielleicht noch einmal besonders üben solltest.

leeren	gehorsam
geräumig	die Höhle
hören	fahren
die Lehrerin	der Kuss
hohl	holen
küssen	die Lehre
die Fahrt	wachsen
geholt	füttern
das Futter	beäugen
das Gewächs	der Raum
das Auge	die Leere

1 *Verbinde die Wörter miteinander, die einen gemeinsamen Wortstamm haben.*

WUSSTESTDUDASSHÜHNERWETTERPROPHETENSINDMANHATBEOBACHTETDASS
SICHHÜHNERBEILEICHTEMREGENVORNÄSSESCHÜTZENUNDINDENSTALLLAUFEN
BEILANGANHALTENDEMREGENBLEIBENSIEJEDOCHDRAUßENSIEWISSENDASSIHNEN
EINDAUERREGENFETTEBEUTEBRINGENKANNDASVIELEREGENWASSERDASDIE
GÄNGEDERREGENWÜRMERFÜLLTTREIBTSIENÄMLICHNACHOBEN

2 *a) Trenne die einzelnen Wörter durch Striche voneinander ab.*
b) Schreibe dann den Text in der richtigen Groß- und Kleinschreibung in dein Heft. Setze dabei auch die fehlenden Kommas und Punkte.
c) Besprich mit deinem Banknachbarn oder deiner Banknachbarin die „das-“ und „dass-Fälle“. Begründet die jeweilige Schreibung.

3 *a) Übertrage die Tabelle in dein Heft.*
b) Suche aus dem Text drei Nomen, drei Verben und drei Adjektive heraus und schreibe sie in die passende Spalte.
***BEACHTE:** Der Text enthält auch zusammengesetzte Verben.*

Nomen	Verben	Adjektive
...	...	...

Das Chamäleon (1)

Das Chamäleon ist ein Krichtier aus den südlichen Ländern das zur Familie der Echsen gehört. Die meisten Arten kommen in Afrika und Madagaskar vor. Es sind Baumtiere, die langsam und bedächtig kletern. Sie sind durch ihre Körperform und ihre Hautfarbe gut getahrnt. Chamäleons erreichen eine Körperlänge von bis zu 63 Zentimetern. Das Chamäleon ist meist grünlich-gelb aber es kan seine Hautfarbe verändern. Das hängt von der Umgebung, vom Licht, von der Temperatur und der eigenen Stimmung ab. In einem Lexikonartikel steht dass ein Chamäleon aus ärger schwarz werden kann.

4 *Der Text über das Chamäleon enthält fünf Rechtschreibfehler und drei Zeichensetzungsfehler.*
a) Streiche die falsch geschriebenen Wörter im Text durch und schreibe sie richtig in die entsprechende Zeile.
b) Setze im Text die fehlenden Kommas.

Das Chamäleon (2)

Jedes Chamäleon lebt auf einem bestimmten Strauch, den es heftig gegen seine Artgenossen verteidigt. Dabei

sehr

pumpt es seinen Körper mit Luft auf und macht sich größer. Die Zunge des Chamäleons ist sehr lang und im Maul aufgerollt. Sobald das Tier Beute in erreichbarer Umgebung entdeckt, schleudert es die Zunge blitzschnell nach vorne. Das Beutetier bleibt an der klebrigen Zungenspitze hängen und wird mit der Zunge ins Maul befördert. Chamäleons fressen hauptsächlich Insekten. Mit seinen Augen kann es in alle Richtungen sehen, ohne den Kopf zu drehen. Zum Zielen werden beide Augen auf die Beute gerichtet.

5 *Ersetze die unterstrichenen Wörter durch Synonyme (sinnverwandte Wörter). Achte dabei darauf, dass du die Bedeutung der Sätze nicht veränderst.*

Typisch Märchen

Märchen kennst du sicherlich viele. Aber woran erkennt man, dass es Märchen sind? Märchen haben bestimmte Merkmale. Wenn du diese kennst, ist es ganz einfach, selbst ein Märchen zu schreiben.

Das Berggeistl

Es war einmal ein blutarmes Weib und das lag sterbenskrank und hatte weder einen Bissen Brot noch einen roten Pfennig zu Hause. Da sprach es zu seinem einzigen Kind, das ein braves, frommes Mädchen war: „Geh in den Wald, Moidele, und klaube dort Beeren. Die kannst du dann in die Stadt tragen und heut verkaufen.“

Das Mädchen nahm sein Weidenkörbchen und ging in den Wald hinein und kam immer weiter und weiter im dunklen Forst, bis es endlich Schwarzbeeren in Unzahl fand. Es sammelte nun dieselben ins Körbchen, gab auf nichts anderes Acht und wurde des Pflückens nicht müde. Dabei dachte es sich: Wenn ich das Körbchen gehäuft voll habe, kann ich zwei Sechser bekommen und der Mutter auch etwas Besseres als nur Brot kaufen. Indessen war der Tag sehr vorgerückt und der Abend dämmerte schon hinter den Bergen herauf. Da stand auch das Mädchen auf, sah seelenvergnügt aufs volle Körbchen und wollte heimgehen.

Es machte sich nun auf den Weg, doch bald war der Steig verschwunden und es wusste nicht, wohin und woher. Es lief nun über Stock und Stein, durch dick und dünn, doch je weiter es ging, desto dichter wurden die Bäume und desto mehr begann es zu dunkeln. Da wurde es dem Kind unheimlich zumute, es blieb stehen und weinte bitterlich. Dann fasste es sich wieder und ging vorwärts, doch an ein Herausfinden aus dem Wald war nicht zu denken. Wie das Mädchen schon jede Hoffnung, nach Hause zu kommen, aufgab, trappelte es plötzlich durch die Bäume daher und ehe sie es meinte, stand ein kleines, kleines Männchen, das in grauen Baumbart gekleidet war, vor ihr. Es war das Berggeistl. Als es sah, dass das Mädchen weinte, redete es gar freundlich dieses an und fragte: „Was fehlt denn dir, dass du weinst?“

„Ach“, antwortete schluchzend das Mädchen, „ich habe Schwarzbeeren geklaubt, um dafür Brot und Fleisch für die kranke Mutter zu kaufen, und jetzt find’ ich nicht mehr aus dem Wald und muss hier übernachten und die kranke Mutter ist allein.“ „Wenn nur das fehlt“, erwiderte das Männchen, „so ist dir leicht zu helfen. Warte, ich werde dich gleich aus dem Walde führen, folge mir nur!“

Mit diesen Worten ging das Berggeistl voraus und wo es hintrat, war guter Weg. Das Mädchen folgte, obwohl es hundemüde war, und bald wurde der Wald lichter und lichter und sie standen im Freien. Dem Mädchen klopfte nun das Herz vor Freude und es dankte dem kleinen Männchen gar herzlich. „Deine Mutter ist krank“, sprach

da das Berggeistl. „Weil du so brav bist, soll ihr geholfen werden.“ Da bückte es sich und pflückte einige Kräuter, die es dem Kind gab. „Siede sie heute noch und gib das Wasser davon deiner Mutter zu trinken und sie wird gleich gesund werden.“ Das Berggeistl lächelte und im Husch war es verschwunden.

Das Mädchen lief nun voll Freude heim und erzählte der Mutter, was ihm im Wald begegnet war. Dann ging es in die rußige Küche, machte Feuer an und siedete die Kräuter. Als dies geschehen war, seihte es das Wasser davon ab und brachte es der Mutter. Diese trank es und kaum hatte sie den letzten Tropfen davon zu sich genommen, als sie sich ganz gesund fühlte und aufstand.

Dies alles hatte der Bub des Nachbarn, der öfters in die Hütte kam, gesehen und gehört und dachte sich: „Warte, jetzt will ich auch in den Wald hinausgehen und mir solche Wunderkräuter geben lassen. Die will ich dann in der Stadt um teures Geld verkaufen und mir dafür Zuckerfeigen und anderes anschaffen.“

Gedacht, getan, am andern Tag ging der böse Bube in den Wald, aß dort Heidelbeeren und als er deren satt war, drang er tiefer in den Wald und fing endlich zu flennen und zu heulen an, dass die Bäume widerhallten. Er hatte schon lange gelärmt, als das Berggeistl dahergegangen kam und fragte: „Was machst du hier in meinem stillen

Wald für einen Lärm?" „Weil ich nimmer heimfinde und meine kranke Mutter ganz allein ist." Dabei weinte der Knabe und hob beide Hände auf und bat kniefällig, ihn doch aus dem Wald zu führen.

„Wenn dir nichts anderes fehlt, so soll dir geholfen werden", sprach das Berggeistl und ging voran. Der Knabe folgte ihm. Da führte das Berggeistl den falschen Buben vier Stunden lang durch den dichtesten Wald, bergab, bergauf, sodass es todmüde wurde und seine Falschheit bitter bereute. Als der Knabe vor Müdigkeit beinahe nicht mehr weiterkam, standen sie endlich am Saum des Waldes. Da war der Knabe froh und wollte schon davonlaufen, als das Männlein sprach: „Warte, ich muss dir auch ein heilsames Kräutlein mitgeben."

Bei diesen Worten bückte sich das Berggeistl und rupfte einige Blätter ab, die es dem Buben gab. Dann sprach es: „Siede sie dir und trink vom heilsamen Wasser."

Kaum hatte der Knabe die Kräuter, so eilte er über Stock und Stein nach Hause und tat nach den Worten des Berggeistls. Er ging in die Küche, machte Feuer an und siedete die Kräuter. Dann seihte er das Wasser ab und trank es voll Gier. Doch siehe, kaum hatte er es getrunken, als er für seine Falschheit bitter, bitter bestraft wurde. Es begann ihn zu grimmen, dass er sich vor Schmerzen wie ein Wurm wand und bog. Das dauerte einige Tage und seitdem war er ein braver Bursche, denn das Kräutlein hatte seine heilsame Wirkung getan.

1 *Lies das Märchen aufmerksam durch.*

2 *a) Markiere in der Geschichte vom „Berggeistl" alles, was für ein Märchen typisch ist.*
b) Vergleiche dein Ergebnis mit dem deiner Banknachbarin oder deines Banknachbarn.
c) Stelle in einer Liste typische Märchenmerkmale zusammen.

TIPP

Wenn du unsicher bist, welche Merkmale Märchen haben, schlage in deinem Schulbuch nach.

3 *a) Erzählt andere Märchen und überlegt gemeinsam, welche Märchenmerkmale sie haben.*
b) Überprüft noch einmal eure Liste mit den Märchenmerkmalen aus Aufgabe 2. Habt ihr an alle Märchenmerkmale gedacht?

4 *Spielt das Märchen vom „Berggeistl" pantomimisch, das heißt ohne Worte, nach.*
a) Überlegt, wie viele Rollen ihr besetzen müsst, und verteilt sie.
b) Übt, das Märchen pantomimisch darzustellen. Besprecht, wie ihr die Personen und das Geschehen allein durch eure Körperhaltung und -bewegung (Gestik) sowie euren Gesichtsausdruck (Mimik) darstellen könnt.
c) Spielt das Märchen als Pantomime. Die Zuschauer beobachten das Spiel genau und achten auf Gestik und Mimik.

Märchen schreiben

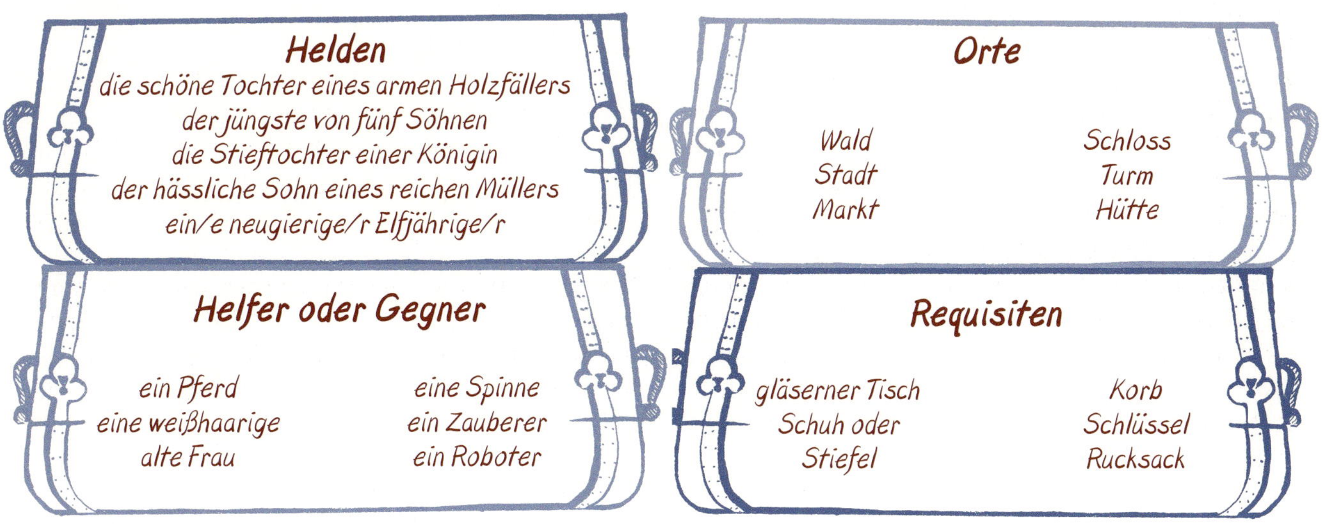

5 *a) In jeder Schatztruhe findest du Märchenelemente. Suche dir aus jeder Truhe ein Element aus und gestalte daraus ein Märchen. Du kannst ein herkömmliches oder ein modernes Märchen schreiben.*
b) Tauscht eure Märchen untereinander aus und lest sie aufmerksam. Welche typischen Märchenmerkmale findet ihr?
c) Sagt der Verfasserin oder dem Verfasser, was euch an dem Märchen gefällt und was noch verbessert werden könnte.

Märchenhaft – Sagenhaft – Unglaublich

Märchen und Sagen sind sich sehr ähnlich. Aber es gibt doch einige Unterschiede. Wenn du ein Märchen und eine Sage miteinander vergleichst, fallen dir die Unterschiede bestimmt auf.

Schlangenkönigin

Vor langer Zeit hausten in Deutschland neben anderen wilden Tieren auch viele Schlangen. Über alle Schlangen aber und alle Tiere herrschte die Schlangenkönigin; denn mitten in ihrer goldenen Krone war ein herrlicher Edelstein, welcher blitzte wie ein Sonnenstrahl und welcher die Kraft besaß, alle Mächte der Natur seinem Besitzer untertänig zu machen. Ihr Heereslager war eine große Grube, welche sich im Schatten einer Eiche befand, deren Stamm zehn Männer nicht umklammern konnten und deren Äste so dick wie Bäume waren. Da ruhte sie mit ihrem zischenden Hofstaat.

Schon viele Ritter hatten der Schlangenkönigin die Krone vom Haupt zu reißen versucht, vornehmlich um des Steines willen, mit dessen Hilfe sie große Taten vollbringen wollten; aber alle waren von den wütenden Schlangen zerfleischt und verzehrt worden. Nun lebte damals ein junger Königssohn, das war ein kühner Held; nicht abgeschreckt durch das klägliche Ende der übrigen, wollte auch er sein Leben dran wagen, um den Stein zu gewinnen, und ritt in der heiligen Johannisnacht wohlgemut in den gefahrvollen Strauß.

In den Ästen hing die Nacht; Eulen und Wölfe heulten durch den Wald; Glühwürmer sprühten umher und über alle Bäume schoss der Stein seine Strahlen. Bald war der Held bei der Grube, ritt dreimal um sie herum, während er inbrünstig betete, spornte sein edles Tier, sprengte hinüber und trennte während des ungeheuren Satzes mit dem Schwert die Krone vom Haupt der Schlangenkönigin. Zischend fuhr sie aus dem Schlaf empor; zischend ringelten sich alle Schlangen in die Höhe, strebten wie fliegende Pfeile hinter dem Reiter her und in wenigen Minuten hatte ihn ein großes Tier eingeholt und saß auf seinem Nacken. Er aber schleuderte den Mantel samt dem Ungeheuer zu Boden und rettete sich glücklich in seine nahe Burg.

Am andern Morgen war von dem Mantel nur noch ein Häuflein übrig, das wie Häckerling aussah; das Reich der Schlangenkönigin aber war zu Ende und der Königssohn wurde durch die Kraft des Steins berühmt durch alle Lande.

Der Schlangenbanner

Auf der Frauenalpe ist ein Platz in der weit ausgedehnten Viehweide, wo vor Jahren viele, viele Schlangen gehaust haben, sodass dort Mensch und Vieh gefährdet war.

Da kam zum Pächter dieser Weide eines Tages ein fremdes Burschtele, das sich bereit erklärte, die Schlangen alle zu vernichten. Der Pächter, mit dem Vorschlag höchst zufrieden, gab ihm nun Knechte, die aus Bauholz ihm auf dem Schlangenplatz unweit von einer alten Fichte einen „Kreuzkasten" aufzimmerten.

Als alles fertig war, schickte er sie wieder heim, zündete den Holzhaufen an, stieg auf den Baum und verbarg sich gut in den dichten Ästen. Dann hatte er mit einem Pfeiferl die Schlangen zu rufen und ins Feuer zu bannen begonnen. Da kamen zuerst die kleinen Schlangen und stiegen ins Feuer.

Dann pfiff er ein zweites Mal und es kamen die größeren und großen Schlangen und alle stiegen gehorsam in das Feuer und verbrannten.

Als er ein drittes Mal pfiff, da erschien eine mächtig große, weiße Schlange und trug ein Krönlein auf dem Haupte. Als der Schlangenbeschwörer derselben ansichtig wurde, erschrak er so sehr, dass der Ast, auf dem er saß, zu wackeln begann. So ersah ihn die Schlange sogleich, kroch zum Fichtenbaum, rollte sich zusammen und schlug mit dem Schwanze nach ihm. Hierdurch verlor er das Gleichgewicht und stürzte hinab in das Feuer, aber auch die weiße Schlange musste ins Feuer kriechen.

Seitdem gibt's auf der Frauenalm keine Schlangen mehr.

1 *a) Lies die beiden Schlangengeschichten.*
b) Markiere zunächst, was in beiden Geschichten gleich oder ähnlich ist.
c) Markiere jetzt in einer anderen Farbe die Unterschiede, die dir auffallen.
d) Vergleiche dein Ergebnis mit dem deiner Banknachbarin oder deines Banknachbarn.

2 *a) Die „Schlangenkönigin" ist ein Märchen, die Geschichte vom „Schlangenbanner" ist eine Sage. Teilt euch in Gruppen auf und haltet auf einer Folie oder einem Plakat fest,*

- *welche Unterschiede es zwischen dem Märchen von der „Schlangenkönigin" und der Sage vom „Schlangenbanner" gibt und*
- *welche Gemeinsamkeiten die Sage und das Märchen haben.*

b) Präsentiert eure Ergebnisse.

Unglaubliches gestern und heute

Text 1: Zwischen Lengenfelden und Stoffen liegt eine wilde, weite Ödung auf einer hohen Ebnet [Ebene], darüber zieht das wilde Gejäg [die wilde Jagd] am wütendsten, verweilt am längsten. Darüber hin ging vor geraumer Zeit ein Mann aus Hofstetten, es dunkelte bereits, da vernahm er aus der Weite ein Heulen und Sausen, als wollte sich ein furchtbarer Sturm erheben. Wie er da stillstand und sich umsah, kam mittlerweile das wilde Gejäg ob seiner [über ihm] in den Lüften daher und als er verstarrt vor Schrecken vergaß, sich auf den Boden zu werfen, hob es ihn leicht auf ab der Erden und riss ihn im Zuge mit dahin. Sechs lange Wochen war der Mann der Erden entrückt, kein Mensch wusste, wohin er gekommen, und die Seinigen waren in Kümmernis um ihn als einen Toten. Da auf einmal kam er zurück, er wusste selbst nit, wie und wo, und war noch ganz tamisch in seinem Sinn. […] Der Mann lebt noch, verhält sich aber stets ruhig und still, hat zu nichts mehr weder Freud noch Leid, hat nur noch ein Kuchelleben [sitzt nur noch hinterm Ofen].

Text 2: Eine russische Fallschirmspringerin sollte aus 9000 Meter Höhe abspringen. Der Pilot sah, wie sich ihr Fallschirm entfaltete und sie zur Erde niederschwebte. Er landete in der Nähe ihres mutmaßlichen Landeplatzes – einem Gebiet nahe bei Moskau – und erwartete, sie wohlbehalten auf der Erde vorzufinden. Aber sie war nirgends zu sehen. Es dauerte drei Tage, bis sie in Saratow, 70 Kilometer südlich von Moskau, gefunden wurde. Sie berichtete, dass sie auf halber Strecke von einem Ufo eingefangen worden sei. Die drei Wesen, die die Besatzung bildeten, hatten sie gut behandelt und sie ein beachtliches Stück in den Weltraum hinaus mitgenommen, von wo sie den ganzen Planeten Erde hatte sehen können. Sie hatten ihr eine schriftliche Nachricht übergeben, die sie an die sowjetischen Behörden weiterleiten sollte. […] Aus leicht verständlichen Gründen können die Namen der Personen nicht genannt werden.

Text 3: Die Geschichte ist vor ein paar Tagen mir erzählt worden, die stimmt. Ein Arbeitskollege von mir wusste, dass ein Mann auf einem Campingplatz in seinem Zelt lag. Kurz vor Mitternacht wurde er wach und sah, wie eine glänzende Kugel, so grünlich und orange, und ganz leise heranflog und nicht weit von ihm schwebte. Und hören … irgendein Motorengeräusch hörte er nicht. Er hat sich das angesehen und spürte plötzlich einen starken Luftzug und wurde in das Ufo hineingesaugt und von kleinen Männchen mit spitzen Ohren entführt. Am anderen Morgen lag er vor seinem Zelt, dreckig und die Knochen schwarz und blau. Das war ein Ufo, ganz sicher. Er konnte sich sonst an nichts erinnern.

3 *a) Lies die drei Texte. Es sind Sagen.*
b) Markiere in jedem Text die Merkmale, die für eine Sage typisch sind.
c) Es gibt alte Sagen, aber auch moderne Sagen. Welche Sage würdest du als modern, welche als alt bezeichnen? Begründe kurz.

4 *Suche dir eine der drei Sagen aus und gestalte daraus ein Märchen.*

Das kann ich aus der Sage übernehmen:	Das muss ich verändern:	Das füge ich noch ein (z. B. Märchenrequisiten, Helfer, Gegner …):
…	…	…

a) Übertrage dazu die Tabelle in dein Heft und schreibe auf, was du aus der Sage übernehmen kannst, was du verändern musst und was du noch hinzufügen willst.
b) Schreibe dein Märchen.

5 *Teilt euch in Gruppen auf und lest euch eure Märchen gegenseitig vor. Was gefällt euch besonders gut, was könntet ihr noch verbessern?*

Uraltes neu erzählt: Fantasy

Sind Märchen veraltet? Ist fantasievolles Erzählen längst überholt, weil wir so viel Wunderbares erforscht haben und Unheimliches erklären können? Wie sich die Gattung Märchen entwickelt hat, das erfährst du hier.

1 *a) Sammelt Titel von Büchern oder Erzählungen, die euch zum Thema „Fantasy" einfallen.*
b) Erzählt kurz, worum es in den von euch genannten Büchern oder Geschichten geht.
c) Vergleicht diese Fanatsy-Geschichten mit Märchen, die ihr kennt.
Besprecht, welche Unterschiede und welche Gemeinsamkeiten es gibt.

2 *Schreibe in Stichworten auf, welche Merkmale für Fantasy-Literatur typisch sind.*

____

____

____

T. A. Barron

Merlin – Wie alles begann

Ein Junge, der nicht weiß, wer er ist und woher er kommt, macht sich auf die Suche nach seiner Herkunft. Bei dieser Suche rettet er einem Falken das Leben, der ihn fortan begleitet. In einem Wald treffen sie auf das Mädchen Rhia, das sie zu ihrem Haus führt.

Während Rhia uns aus dem tiefen Wald zu einer nahen Lichtung führte, bemerkte ich, dass sich der Nachthimmel plötzlich aufgehellt hatte. Dann, als das Geflecht der Äste hinter uns lag, fragte ich mich, ob vielleicht ein Stern über uns explodierte und sein Licht über den Himmel goss. Doch dann wurde mir klar, dass das Licht weder von einem Stern noch überhaupt vom Himmel kam.
Es kam von Rhias Haus. Mitten auf der Lichtung stand eine große Eiche, der mächtigste Baum, den ich je gesehen hatte. Seine robusten Äste wuchsen aus einem Stamm, der so dick war, als hätten sich mehrere Stämme vereinigt. In der Mitte der nach außen und oben strebenden Äste leuchtete eine luftige Hütte wie eine Riesenfackel, ihre Strahlen und Wände und Fenster waren mit den Zweigen verflochten. Blätterschichten bedeckten das Baumhaus, sodass das Licht aus seinen Fenstern durch vielfältige grüne Vorhänge fiel.
„Arbassa." Rhia hob die Arme, als sie den Namen aussprach. Als Antwort zitterten die Zweige über ihrem Kopf gerade so viel, dass ein leichter Tauregen auf ihr erhobenes Gesicht fiel.
Ich hatte wieder ein warmes Gefühl in der Brust, als ich zusah, wie Rhia sich dem Fuß des Baumes näherte. Sie zog ihre leichten Schuhe aus, die offenbar aus einer lederartigen Rinde gemacht waren, und trat in eine schalenförmige Vertiefung der dicken Wurzeln. Während sie einen leisen, zischenden Satz sprach, schloss sich die Wurzel langsam um ihre Füße, bis sie und der Baum wie ein Wesen zusammengehörten. Rhia streckte die Arme aus und umarmte den mächtigen Stamm, obwohl sie nur ein winziges Stück umfassen konnte. Zugleich entrollte sich ein riesiger Ast wie ein Farnwedel und wickelte sich als Antwort auf die Umarmung um ihren Rücken.
Ein paar Sekunden später hob sich der Ast und die Wurzel teilte sich. Knarrend knickte der Stamm, riss auf und gab einen schmalen Gang frei. Rhia duckte sich und trat ein. [...]
„Komm." Rhia winkte mir.
Als ich zu der Öffnung trat, schauderte der Baum. Der Eingang mit seinen Rindenkanten begann sich zu schließen. Rhia schrie einen durchdringenden Befehl, doch der Baum ignorierte sie und versperrte sich weiter. Ich rief nach ihr, während Verdruss erregt mit den Flügeln flatterte. Trotz Rhias Protest schloss sich die Tür.
Hilflos stand ich vor dem Baum. Ich wusste weder, was das zu bedeuten hatte, noch, was ich dagegen tun konnte. Aber eins war klar. Ich war zurückgewiesen worden – zweifellos wegen des lästigen Vogels auf meiner Schulter. In diesem Moment knackte der Stamm erneut. Die Tür ging wieder auf. Rhia, das Gesicht vom Schreien gerötet, winkte mir. Mit einem unsicheren Blick auf den nervösen Vogel betrat ich die dunkle Höhle.
Rhia sagte nichts. Sie drehte sich um und stieg die Wendeltreppe im Stamm hinauf. Ich folgte ihr und hoffte, dass Verdruss jetzt seinem Namen keine Ehre machte. [...]

Endlich erreichten wir eine offene Plattform. Rhia stieß einen Blättervorhang zur Seite und betrat ihr Haus. Ich ging direkt hinter ihr, obwohl Verdruss wütend nach den Blättern schlug, die an seine Federn streiften.
Ich stand auf einem Boden aus eng verflochtenen Zweigen, robust, aber uneben. Ein Feuer brannte mitten im Raum so hell, dass ich mich fragte, welcher Brennstoff hier wohl benutzt wurde. Die Äste des großen Baums bogen sich rundum, obwohl sie hier nicht so eng verschlungen waren wie am Boden, sodass sich nach allen Seiten Fensterschlitze öffneten.
Jedes Möbelstück in diesem Einraumhaus wuchs so selbstverständlich aus den Ästen wie die Äste aus dem Stamm. Ein niederer Tisch an der Feuerstelle, zwei einfache Stühle, ein Schrank [...].
Ich trat auf Rhia zu. „Was ist dort unten passiert?" Vorsichtig schaute sie von mir zu dem scharfkralligen Vogel auf meiner Schulter. „Meine Freundin Arbassa wollte dich nicht hereinlassen."
„Das habe ich auch gemerkt."
„Dafür kann es nur einen Grund geben. Sie wollte jemanden von meinem Haus fern halten, der mir großen Schaden zufügen könnte." [...]

3 *a) Lies den Text genau.*
b) Löse das folgende Rätsel. Die Lösungswörter findest du im Text.
***BEACHTE:** Umlaute wie „ä" gelten als ein Buchstabe.*

Waagerecht:
1 Sie bilden den Boden von Rhias Haus.
2 Der Name des Vogels, der den Jungen begleitet.
3 Ein Adjektiv, das den Vogel beschreibt (Grundform).
4 Ein weiteres Adjektiv, das den Vogel näher bestimmt (Grundform).
5 Diese Baumart bildet Rhias Haus.

Senkrecht:
1 Ein weiteres Adjektiv, das den Vogel beschreibt (Grundform).
2 Das befindet sich im Innern des riesigen Baumstammes.
3 Der Name des Baums, der Rhias Haus ist.
4 Daraus sind Rhias Schuhe gemacht.

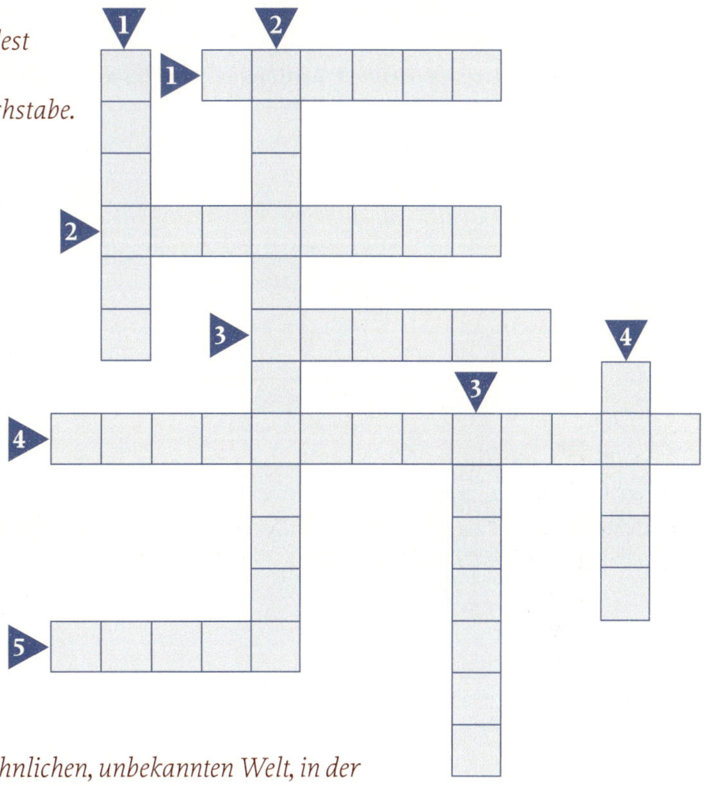

4 *a) Fantasy-Geschichten erzählen von einer ungewöhnlichen, unbekannten Welt, in der unglaubliche Dinge geschehen können. Markiere im Text alle fantastischen Dinge.*
b) Vergleiche dein Ergebnis mit dem deines Banknachbarn oder dem deiner Banknachbarin.
c) Besprich mit deinem Banknachbarn oder deiner Banknachbarin, wie der Falke und der Baum in dieser Geschichte dargestellt werden. Haltet euer Ergebnis in wenigen Sätzen fest.

____

____

____

5 *Der Junge folgt Rhia zu ihrem Haus und zuerst verschwindet Rhia, dann der Junge im Inneren des Baumes.*
a) Spielt diese Szene pantomimisch, das heißt ohne Worte, nach. Überlegt, wie ihr den Stamm oder die Wurzeln darstellen könnt. Probiert mehrere Möglichkeiten aus.
b) Spielt eure Pantomime den anderen vor.

6 *Als der Junge und Rhia die „Plattform" des „Einraumhauses" erreichen, brennt ein Feuer, das Rhias Haus erleuchtet. Was könnte das für ein Feuer sein? Was bietet Rhia zu essen an? Wie verhält sich der Falke? Schreibe eine Fortsetzung der Geschichte.*

Von dir und mir – Gedichte schreiben

Auf jedes Wort achten, mit knappen, sorgfältig gewählten Aussagen einen anschaulichen Eindruck von einem Menschen wiedergeben und dabei einander und das Wesen von Gedichten besser kennen zu lernen, darum geht es hier.

Mit Namen Gedichte schreiben

1 *a) Jeder schreibt seinen Vornamen auf einen Zettel, dann werden alle Zettel eingesammelt.*
b) Jetzt zieht jeder blind einen Namenszettel. Wer den eigenen Namen erwischt, darf noch einmal ziehen.
c) Schreibe dir sofort auf, was dir zu dem oder der von dir gezogenen Mitschüler oder Mitschülerin einfällt.

2 *a) Überlege, was du von deinem Mitschüler oder deiner Mitschülerin wissen willst, und schreibe Fragen für ein Interview auf.*
b) Befragt euch nun gegenseitig und macht Notizen zu den Antworten.

3 *Schreibe nun ein Gedicht mit dem Namen deines Mitschülers oder deiner Mitschülerin.*
Die folgenden Gedichtformen zeigen verschiedene Gestaltungsmöglichkeiten.
Probiere die eine oder andere Gedichtform aus.

Hans

Handball-Fan
Ausdauernd
Nusseckenbäcker
Streitschlichter

HANS

Handball liebt er
Ausdauernd trainiert er, mit
Nussecken verwöhnt er uns
Streit schlichtet er

TIPP

Akrostichon

- Schreibe die Buchstaben des Vornamens untereinander und ergänze sie mit einem Wort, mehreren Wörtern oder einem kurzen Satz.
- Verziere die Anfangsbuchstaben oder gestalte sie farbig.

GRETE

eifri G
spo R tlich
g E rne lesend
spi T ze im Schwimmen
Geh E imnisse für sich behaltend

TIPP

Namen im Vers verstecken

- Schreibe einzelne Wörter, Wortgruppen oder kurze Sätze auf. Dabei müssen in den Wörtern die Anfangsbuchstaben des Vornamens der Reihe nach vorkommen.
- Jetzt schreibe sie so untereinander, dass die Anfangsbuchstaben des Namens zu lesen sind.
  Oder: Wörter, Wortgruppen oder kurze Sätze auf ein Blatt Papier schreiben. Dann Wörter ausschneiden, untereinander legen und hin und her schieben. Wenn's passt: aufkleben.

Grete
ihre Bücher
lustig – ernst – unverzichtbar
mir eine verlässliche Freundin
vorbildlich

TIPP

Elfchen

Ein Elfchen ist ein Elf-Wörter-Gedicht, das aus fünf Zeilen besteht. Die elf Wörter sind folgendermaßen angeordnet:

1. Zeile: ein Wort	Das erste Wort sagt, worüber gesprochen wird (hier: der Vorname).
2. Zeile: zwei Wörter	ein Gegenstand oder ein Lebewesen, passend zur Person, der das Gedicht gewidmet ist
3. Zeile: drei Wörter	eine Aussage über den Gegenstand oder das Lebewesen
4. Zeile: vier Wörter	eine Aussage über dich selbst
5. Zeile: ein Wort	Schlusswort, das für dich alle bisherigen Aussagen zusammenfasst.

4 *Es wäre schade, wenn eure Gedichte in der Schublade verstauben würden.
Besprecht gemeinsam, wie ihr eure Gedichte präsentieren wollt, und macht was draus.
Die folgenden Tipps helfen euch dabei.*

Gedichte-Plakat

- Jeder schreibt sein bestes Gedicht auf schönes Papier. Ihr könnt das Gedicht durch unterschiedliche Farben, Schriften oder andere Elemente verzieren.
- Klebt eure Gedichte auf farbigen Karton oder ein Stück Tapete. Gestaltet das Plakat durch Bilder, Fotos oder Zeichnungen.

Gedichte-Mappe

- Jeder schreibt seine Gedichte, die er für einen Mitschüler oder eine Mitschülerin geschrieben hat, einzeln auf ein schönes Papier. Verziert die Seiten mit Umrandungen, Zeichnungen, Bildern oder Fotos. Natürlich darf auch der Name des Verfassers oder der Verfasserin auf dem Blatt nicht fehlen.
- Jeder von euch bekommt nun die für ihn geschriebenen Gedichte und sammelt sie in einer Mappe.
- Gestaltet ein schönes Titelblatt für eure Sammelmappen.

Verse – Reime – Strophen

Was ist ein Reim? Erkennen, was sich reimt, fällt meistens leicht. Warum sich aber bestimmte Wörter reimen und welche Funktion Reime im Gedicht haben, erfährst du hier.

Heile, heile Segen,
drei Tage Regen,
drei Tage Schnee,
es tut schon nimmer weh!

Er würgte eine Klapperschlang',
bis ihre Klapper schlapper klang.
Heinz Erhardt

Wer kann mit frohem Herzen schmausen,
wenn tief im Stockzahn Schmerzen hausen?
Eugen Roth

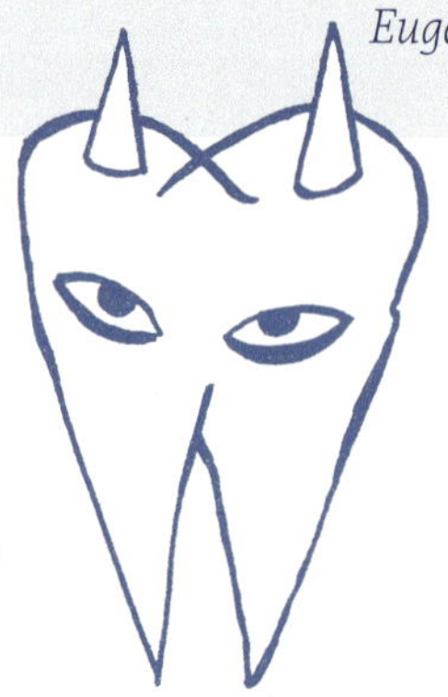

1 *Den Ausdruck Kinderreim habt ihr wohl schon gehört. Kennt ihr weitere solcher Reime? Notiert sie und tragt sie euch gegenseitig vor.*

2 *Neben dem Kinderreim findet ihr zwei so genannte Schüttelreime. Überlegt, welche besonderen Merkmale diese beiden Reime von Heinz Erhardt und Eugen Roth aufweisen.*

3 *Unter „Reim" versteht man eine bestimmte Art von Versschmuck, nämlich den Gleichklang zweier Wörter vom letzten betonten Vokal ab. Untersuche den Kinderreim und die Schüttelreime genauer.*
a) Unterstreiche die Reimpaare im Kinderreim und in den Schüttelreimen.
Verwende für jedes Reimpaar eine andere Farbe.
b) Kreise bei den vier Reimpaaren jeweils den betonten Vokal ein.
c) Ordne die vier Reimpaare nach ihrer Silbenanzahl in die entsprechende Spalte ein.

TIPP
- ☐ **einsilbiger Reim:** eine Silbe klingt gleich; Vers endet mit betonter Silbe (z. B. Haus – Maus)
- ☐ **zweisilbiger Reim:** zwei Silben klingen gleich; Vers endet mit unbetonter Silbe (z. B. Feuer – teuer)

einsilbige Reime	zweisilbige Reime

4 *a) Unterstreiche bei den folgenden Wörtern den letzten betonten Vokal.*

sagte, Bein, gezwungen, wissen, Maus, Läuse, Wein, Bäume, Geländer, Tage, Holz, Stücke, gefangen, behagte, vermissen, grau, Gehäuse, bemüht, stolz, Lücke, misslungen, Waage, Beton, Schall, heraus, verborgen, schaut, Knall, Schatten, Sorgen, erträume, verblüht, bangen, Ballon, hatten, Bänder, blau, erbaut

b) Übertrage die Tabelle in dein Heft. Suche dann die Reimpaare und ordne sie nach ihren Silben in die entsprechende Spalte ein.

einsilbige Reime (männliche oder stumpfe Reime)	zweisilbige Reime (weibliche oder klingende Reime)
Bein – Wein	…

Hanna Johansen

Ein Krokodil

Ich träum, es kommt ein Krokodil
mit einem großen ___________.
(A, stumpf)
Am Tage liegt's auf einem Stein,
am Tage ist es ___________.
(A, stumpf)

◎◎◎

Und dann am Abend wird es ___________
(B, stumpf)
und macht sich auf die ______________.
(C, klingend)
Es kriecht zu unserm Haus aufs ___________,
(B, stumpf)
da seh ich es schon ______________.
(C, klingend)

◎◎◎

Und wenn es dann ganz dunkel ___________,
(D, stumpf)
dann schleicht es sich ___________.
(E, stumpf)
Es will zu mir herein und ___________
(D, stumpf)
mich ___________.
(E, stumpf)

Es hinkt durchs Haus, das hör ich ___________,
(F, stumpf)
es steigt die Treppe ___________.
(G, stumpf)
Dann kommt's herein durchs ______________________
(F, stumpf)
und reißt sein Maul schon ___________.
(G, stumpf)

◎◎◎

Es hat 'ne Menge Zähne in
dem großen roten ________________.
(H, klingend)
Und weil es auch noch Flügel hat,
glaub ich, es ist ein ________________.
(H, klingend)

◎◎◎

Was willst du hier, schrei ich ganz ___________,
(I, stumpf)
ich glaub, du willst mich ______________.
(J, klingend)
Nein, sagt das Krokodil und ______________,
(I, stumpf)
ich hab nur was ________________.
(J, klingend)

Drachen	frisst	Socken	faul	vergessen	Schlüsselloch	fressen	Dach	heran	Rachen
schaut	dann	laut	auf	doch	ist	Maul	rauf	wach	hocken

5 *Ergänze in dem Gedicht „Ein Krokodil" die fehlenden Reimwörter. Verwende dazu die Wörter aus den Kästchen.*
***BEACHTE:** Zwei gleiche Buchstaben stehen für ein Reimpaar.*

Günter Kunert

Leute

Kleine Leute, große Leute gab es gestern, gibt es heute, wird es sicher immer geben, über, unter, hinter, neben dir und mir und ihm und ihr: Kleine, Große sind wie wir. Größer als ein Großer kann aber sein ein kleiner Mann. Klein und groß sagt gar nichts aus, sondern nur, was einer draus für sich selbst und alle macht. Darum habe darauf Acht: Wer den andern hilft und stützt und sich nicht nur selber nützt, hat das richtige Format – ob ein Zwerg er oder grad lang wie eine Latte ist oder einen Meter misst: Kleine Leute, große Leute gab es gestern, gibt es heute.

6 *Reime machen die Gliederung eines Gedichtes „hörbar". Ordnet das Gedicht „Leute" in Verse und fünf gleich lange Strophen und schreibt es in euer Heft.*
***BEACHTET:** Lest das Gedicht zuerst laut, dann hört ihr die Reimpaare.*

Geschichten kennen lernen

Auf diesen Seiten lernst du, Texte genau zu lesen, ihnen die wichtigsten Informationen zu entnehmen und ihren Inhalt zu verstehen.

Irmela Brender

Ich, mein Feind

Ich bin ganz in Ordnung. Meine Mutter weiß, dass sie mich allein zu Hause lassen kann. Gerade ist sie weggegangen, zum Einkaufen. Sie weiß, dass ich jetzt hier an meinem Tisch sitzen bleibe und meine Hausaufgaben mache.

3 x 4 = 12

4 x 3 = 12

2 x 5 + 2 = 12

Ich steh lieber mal auf. Es ist nicht gut, die ganze Zeit so stillzusitzen. Nein, ich tu ja nichts. Ich will nur mal aufstehen und ans Fenster gehen.

Zwölf – eine ganz tolle Zahl ist das. Man könnte ein Heft voll schreiben über die Zwölf. Ich geh jetzt mal durch die Wohnung. Einfach so. Da ist ja nichts dabei. Viele Leute können besser denken, wenn sie gehen.

Aber ich denke dabei an nichts als an die Zwölf. 2 x 6 = 12. Ich gehe durch die Wohnung. Ich will nur mal sehen, ob sie etwas gemerkt hat. Wenn der Geldbeutel noch in der Küchenschublade liegt, dann hat sie nichts gemerkt.

Aber ich nehme nichts. Nein, ich habe mich wirklich geändert, ich nehme nichts. Heute nicht – überhaupt nicht mehr.

Der Geldbeutel liegt in der Schublade.

Ich mach ihn nicht auf. Ich setzte mich an meinen Schreibtisch und schreibe 2 x 6 = 12.

Ich mach ihn doch auf. Nur um zu sehen, ob sie etwas gemerkt hat. Ob noch Geld drin ist. Aber ich nehme nichts. Ich mach ihn nur auf. Es ist viel Geld drin. Lauter Kleingeld. Auf einen Blick sieht man gar nicht, wie viel. Jetzt weiß ich, dass sie nichts gemerkt hat. Jetzt kann ich sofort die Schublade zumachen und in mein Zimmer gehen und aufschreiben – was eigentlich?

Sie hat nichts gemerkt. Und bei diesem vielen Kleingeld wird sie wieder nicht merken, wenn etwas fehlt. Drei Fünfziger sind da. Einen kann ich ohne weiteres nehmen. Aber ich nehme nichts. Ich mach das nicht mehr. Ich hab hinterher so viel Angst, dass sie doch etwas merkt.

Sie kann gar nichts merken. Ob zwei Fünfziger oder drei – vermutlich macht ihr das gar nichts aus. Es ist doch Geld genug da. Aber es gehört mir nicht.

Natürlich gehört es mir auch. Es gehört uns allen.

Ich darf es nicht nehmen.

Wer kann entscheiden, was ich darf, wenn's keiner sieht?

Das ist schwierig. Ich will nicht.

Aber ich will. Ich will den Fünfziger.

Nein.

Doch.

Nein.

Doch.

Ich kann nicht ewig hier herumstehen. Ich geh jetzt und mache meine Hausaufgaben fertig.

Ich nehm nur noch rasch den Fünfziger. So.

Ich bin ein Dieb. Und jetzt hab ich wieder Angst.

Ach, Unsinn. Wegen einem Fünfziger!

Ich wollte es nicht.

Na gut. Das war eben irgendwas in mir.

In mir? Wer bin ich?

1 *a) Sprecht darüber, in welcher Situation sich die Hauptperson befindet.*
b) Überlegt, warum Irmela Brender den Titel „Ich, mein Feind" für ihre Geschichte gewählt hat.

2 *a) Markiere im Text in zwei verschiedenen Farben die zwei „Stimmen des Ichs".*
b) Spielt die Situation. Dazu braucht ihr drei Spieler: Einer sitzt am Tisch und macht Hausaufgaben. Rechts und links von ihm sind zwei „Einflüsterer". Der eine rät vom Diebstahl ab, der andere ermuntert dazu.

3 *Schreibe einen Brief an den Ich-Erzähler, in dem du ihm rätst, wie er sich verhalten soll.*

4 *a) Sicher kennst du Situationen, in denen du hin- und hergerissen bist. Schreibe die Gedanken auf, die du in einer solchen Situation hattest.*
b) Sprecht über eure Ergebnisse.

Franz Hohler

Tschipo

Das riecht aber eigenartig, dachte die Mutter, als sie vor der Türe des Kinderzimmers stand und „Tschipo, aufstehen!“ rief.
So roch es sonst nur auf Baustellen oder auf der Straße im Sommer. Rasch machte sie die Tür auf, aber Tschipo lag wie immer im Bett und ringsum war nur die übliche Sauordnung, also alles wie sonst.
„Tschipo“, sagte die Mutter, „wach auf, ist irgendetwas passiert?“
„Aaah“, sagte Tschipo.
„Was?“, sagte die Mutter.
„Aaahh!“ sagte Tschipo und stellte die Füße auf den Teppich.
„Hast du gut geschlafen? Ist dir nichts passiert?“ fragte die Mutter.
„Ja“, sagte Tschipo.
„Was?“ rief die Mutter, „Es ist also etwas passiert?“, fragte die Mutter?
„Nein“, sagte Tschipo, „ich habe gut geschlafen und es ist nichts passiert.“
„Komisch“, sagte die Mutter, „es riecht hier wie auf einer Baustelle.“
„Ja“, sagte Tschipo“, „davon habe ich auch geträumt. Ich war an einem Ort, wo eine neue Straße gebaut wurde, und dem Dampfwalzenführer wurde es plötzlich schlecht und dann durfte ich auf die Dampfwalze und bin damit über Teer gefahren, bis du mich geweckt hast.“
Die Mutter schüttelte den Kopf und öffnete das Fenster und bald roch es wieder so, wie es in jedem frisch gelüfteten Zimmer am Morgen riecht, nämlich unangenehm frisch.
Sonst passierte an diesem Tag nichts Besonderes. Tschipo ging zur Schule und kam wieder heim und nach dem Nachtessen erzählte ihm der Vater noch eine Geschichte und dann ging er ins Bett.
Das Besondere passierte erst am nächsten Morgen. Als die Mutter nämlich vor der Türe des Kinderzimmers stand und „Tschipo, aufstehen!“ rief, dachte sie bei sich, das riecht aber eigenartig. So roch es sonst nur in einem Wald, in einem Tannenwald.
Rasch öffnete sie die Türe, aber Tschipo lag wie immer im Bett und rings um ihn war die übliche Sauordnung, also alles wie sonst.
„Tschipo“, sagte die Mutter, „wach auf, ist irgendetwas los?“
Tschipo sagte nichts und streckte nur seine beiden Hände aus.
„Was hast du da?“ fragte die Mutter und machte seine Hände auf, „das sind ja Tannenzapfen!“
„Ja“, sagte Tschipo und hob die Bettdecke hoch. Die Mutter stieß einen kleinen Schrei aus. „Und das?“
„Das auch“, sagte Tschipo und begann alle Tannenzapfen, die in seinem Bett lagen, aufzulesen und in einer Schublade seiner Kommode zu versorgen.
„Tschipo!“, rief die Mutter, „woher kommen diese Tannenzapfen?“
„Ich habe geträumt, dass ich mit Papi in einem Wald war und wir eine Tannenzapfenschlacht gemacht haben, und ich habe Papi immer getroffen und er mich fast nie und das sind die Tannenzapfen, die er nach mir geworfen hat“, sagte Tschipo. „Siehst du, hier ist einer, der von einem Eichhörnchen angefressen ist, mit dem hat er mich fast getroffen.“
Die Mutter schüttelte den Kopf. „Ich muss die Leintücher wechseln“, sagte sie, „egal, wo die Tannenzapfen her sind.“
Und das musste sie, denn die Tannenzapfen waren zum Teil noch feucht und dreckig, so frisch waren sie.
An diesem Morgen sprach auch der Vater mit Tschipo, aber er sagte ihm dasselbe, was er auch der Mutter gesagt hatte – die Tannenzapfen waren einfach aus seinem Traum übrig geblieben.
Die Eltern wussten nicht, was sie davon halten sollten. „Ein Spunz“, sagte der Vater schließlich, das geht schon vorbei.“
Aber die Mutter glaubte es nicht.

5 *a) Bildet einen Erzählkreis und tauscht euch darüber aus, welchen Traum ihr gerne einmal erleben würdet.*
b) Malt ein Bild von eurem Traum und hängt die Bilder im Klassenzimmer auf.

6 *Wie könnte die Geschichte weitergehen? Schreibt eine Fortsetzung.*
Ihr könnt auch zusammen eine Fortsetzungsgeschichte schreiben: Jeder schreibt einen Fortsetzungssatz zu der Geschichte auf einen großen Bogen Papier und reicht diesen dann an seinen Nachbarn weiter. Dieser muss nun den nächsten Satz anfügen und reicht ihn ebenfalls weiter.

Ein Buch vorstellen

Viele Bücher, die du liest, sind auch für deine Mitschülerinnen und Mitschüler interessant. Wenn du ein Buch, das du gerne gelesen hast, in der Klasse vorstellst, kannst du auch andere Kinder zum Lesen motivieren. Wie du das am besten machst, erfährst du hier.

Peter Härtling

Das war der Hirbel

Der Hirbel ist der Schlimmste von allen, sagten die Kinder im Heim. Das war nicht wahr. Doch die Kinder verstanden den Hirbel nicht. Sie hielten sich ohnehin nie lange im Heim auf, einem Haus am Rande der Stadt, in das Kinder gebracht wurden, die herumstreunten, Kinder, mit denen ihre Eltern nicht mehr zurechtkamen, die von ihren Müttern verstoßen wurden, die bei Pflegeeltern waren und nicht gut taten, es war ein Durchgangsheim. Von dort wurde man in andere Heime geschickt.

Den Hirbel wollte niemand, deshalb war er schon Stammgast in dem Haus am Rande der Stadt. Er war neun Jahre alt und so groß wie ein Sechsjähriger. Er hatte einen dicken Kopf mit dünnen blonden Haaren, die er nie kämmte, und einen mageren Leib. Trotzdem fürchteten alle seine Kraft. Beim Raufen siegte er immer. Der Hirbel hatte eine Krankheit, die niemand richtig verstand. Als er geboren wurde, musste der Arzt ihn mit einer Zange aus dem Leib der Mutter holen und er hatte ihn dabei verletzt. Von da an hatte er Kopfschmerzen und die Großen behaupteten, er sei nicht bei Vernunft. Seine Mutter wollte ihn nicht haben. Seinen Vater hatte er nie gesehen. Erst ist er bei Pflegeeltern gewesen, die ihn, das sagte er selber, sehr gern hatten. Aber bei denen konnte er nicht bleiben, weil die Nachbarn seine Streiche fürchteten. Er ist auch immer kränker geworden; sein Kopf tat ihm entsetzlich weh und dann überfiel ihn eine große Wut, in der er sich nicht mehr kannte. Die Pflegeeltern brachten ihn in ein Krankenhaus, dort lag er eine Weile, bekam eine Menge Spritzen und Tabletten und wurde dann bei neuen Pflegeeltern untergebracht, die ihn nicht mochten und im Heim ablieferten.

Manchmal wurde er von seiner Mutter besucht, die auf die anderen Kinder einen ungeheuren Eindruck machte. Sie war fett, ihr Gesicht war phantastisch bemalt, sie trug bei jedem Besuch einen hohen Hut, an dem funkelnde Steine steckten und den das älteste Mädchen, Edith, einen Turban nannte. Hirbel wurde jedes Mal zornig, wenn sie den Turban Turban nannte. Er fand das Wort gemein und mit dem Wort beleidigte Edith seine Mutter. Die Mutter brachte ihm riesige Tüten mit Bonbons und Schokolade, umarmte ihn unaufhörlich, schnaufte und weinte und verließ ihn nach einer Viertelstunde, beteuernd, dass sie bald wiederkomme. Aber erst nach einem Vierteljahr war sie wieder da, mit Bonbons und Schokolade. Die Ärzte, die ihn untersucht hatten, behaupteten, der Hirbel ist unheilbar. Seine Kopfschmerzen würden immer ärger werden. Er wird, wenn er größer ist, für immer in ein Krankenhaus müssen. So weit war es noch nicht. Dem Hirbel war es auch egal. Er glaubte nicht daran.

In dem Heim arbeiteten Fräulein Maier und Fräulein Müller. Die Kinder riefen beide Müller-Maier. Das war einfacher und eine von den beiden war immer zur Stelle. Fräulein Müller war schon ziemlich alt, grauhaarig und sehr streng. Fräulein Maier arbeitete nur eine Weile im Heim. Sie war sehr jung und versuchte, mit den Kindern zu reden. Aber die Kinder misstrauten ihr. Vielleicht war ihre Freundlichkeit nur Tücke.

Fräulein Maier hatte den Hirbel besonders gern. Der Hirbel mochte sie lange Zeit nicht. Er konnte gar nicht einsehen, warum sie so freundlich zu ihm war. Sie hatte entdeckt, dass er schön singen konnte, und wenn sie im Chor sangen, durfte er manchmal vor den anderen allein singen. Das ärgerte ihn auch wieder, weil die Jungen sagten, er habe eine Stimme wie ein Mädchen. Seine Stimme war hoch, ganz rein, er konnte nicht lesen und schreiben. Aber wenn man ihm eine Melodie vorsang, merkte er sich die Melodie schon beim ersten Mal.

Müller-Maier erklärten: Das ist wirklich eine tolle Begabung!

Was die Begabung nannten, war ihm wurst. Er weigerte sich oft, zu singen. Eigentlich sang er nur, wenn er Lust dazu hatte. Dann saß er auf dem höchsten Ast des Apfelbaums im Garten. Unter ihm jammerten Müller-Maier: Du wirst dir das Genick brechen! Und er ließ den Ast gewaltig wippen, damit sie noch mehr jammerten, und sang alle Lieder, die er kannte.

Das ist noch keine Geschichte. Die erste Geschichte von Hirbel berichtet, wie Fräulein Maier, die noch nie in einem solchen Heim gewesen war, den Hirbel kennen lernte, so kennen lernte, dass sie am liebsten wieder davon gelaufen wäre.

1 *Wenn du ein interessantes Buch vorstellen willst, solltest du zuerst sagen, wer die Hauptfiguren sind und worum es geht. In dem Ausschnitt aus dem Jugendbuch „Das war der Hirbel" von Peter Härtling erfährst du einiges über Hirbel, die Hauptperson des Buches.*

a) Lies den Textausschnitt genau und markiere die wichtigsten Informationen. Beantworte dann die folgenden Fragen.
- ☐ *Wo lebt der Hirbel?*
- ☐ *Warum lebt er nicht bei seinen Eltern?*
- ☐ *Wie sieht er aus?*
- ☐ *Wodurch unterscheidet sich Hirbel von anderen Kindern?*
- ☐ *Welche besondere Begabung hat Hirbel?*

b) Vergleiche dein Ergebnis mit dem von deiner Banknachbarin oder von deinem Banknachbarn.

Wer ist Peter Härtling?

Peter Härtling wurde 1933 in Chemnitz geboren und lebt heute in der Nähe von Frankfurt am Main.
Nach der Schulzeit begann er schon bald seine journalistische und schriftstellerische Laufbahn. Er war unter anderem als Literaturredakteur, Mitherausgeber einer Zeitschrift und als Geschäftsführer eines großen Verlages tätig. Seit 1974 widmet er sich nur noch dem Schreiben.
Er veröffentlichte Gedichte, Erzählungen und Romane. In seinen Jugendromanen schreibt Peter Härtling über Themen wie Außenseiter, Arbeitslosigkeit, Menschen mit Behinderung, Scheidung oder Liebe. Seine bekanntesten Jugendbücher sind „Oma", „Das war der Hirbel", „Theo haut ab" sowie „Ben liebt Anna". Verfilmt wurden seine Romane „Oma", „Ben liebt Anna" sowie „Krücke".

2 *Bei deiner Buchvorstellung kannst du als Einleitung auch kurz den Autor oder die Autorin vorstellen. Schreibe die wichtigsten Informationen über Peter Härtling in Stichworten auf.*

TIPP
Informationen über den Autor findest du häufig auf dem Umschlag des Buches.

3 *Lies bei der Vorstellung eines Buches auch einen kurzen Auszug aus dem Buch vor. Bereite den Textausschnitt aus dem Jugendbuch „Das war der Hirbel" zum Vorlesen vor.*

a) Lies den Text noch einmal genau. Unterstreiche im Text wichtige Wörter, die du betonen willst, und markiere im Text die Stellen, nach denen du eine kurze Pause machen willst.

b) Übe gemeinsam mit deinem Banknachbarn oder deiner Banknachbarin das Vorlesen. Lest euch den Textausschnitt abwechselnd vor. Hört aufmerksam zu, wenn der andere liest, und besprecht anschließend, was euch am Vorlesen gut gefallen hat und was noch verbessert werden kann.

TIPP
Nach einem Punkt, einem Komma oder einem anderen Satzzeichen kannst du eine kurze Pause machen. Trage zusätzliche Pausen zum Atmen ein.

4 *Bestimmt hast du in letzter Zeit auch ein interessantes Buch gelesen, das du deinen Mitschülern weiterempfehlen kannst. Stelle nun dein Lieblingsbuch vor. Beachte dabei folgende Punkte:*
- ☐ *Stelle den Autor oder die Autorin vor.*
- ☐ *Erkläre, wer die Hauptfiguren sind, und beschreibe kurz, worum es in dem Buch geht.*
- ☐ *Lies einen Auszug aus dem Buch vor, der besonders neugierig macht.*
- ☐ *Sage, was dir besonders gut an dem Buch gefallen hat. Verrate aber nicht zu viel!*

5 *Sammelt die Buchempfehlungen für eure Lieblingsbücher in einer Lesekartei. Falls jemand von euch eine Leseanregung braucht, kann er sich dann dort einen guten Büchertipp holen. In deinem Buchtipp solltest du folgende Informationen festhalten:*

- Name des Autors oder der Autorin und einige wichtige Stichworte über ihn oder sie
- Buchtitel
- Informationen über die Hauptfiguren und die Ausgangssituation (verrate nicht zu viel)
- persönliche Meinung über das Buch (was hat dir besonders gut gefallen?)

Von der Improvisation zum Rollenspiel

Wenn du eine Figur auf der Bühne darstellen willst, musst du in diese Figur hineinschlüpfen und zeigen, was sie denkt und fühlt. Dabei ist es wichtig, auch mit dem Körper zu sprechen. Wie das geht, erfährst du hier.

Beginnt zunächst mit ein paar Aufwärmübungen, damit ihr locker und aufnahmebereit werdet. Nehmt euch für die einzelnen Übungen viel Zeit, es geht hier nicht um Schnelligkeit oder ein „Abarbeiten“ der Aufgaben.

TIPP

Räumt die Tische und Stühle an die Wand, verstaut eure Taschen und Jacken. So habt ihr genügend Raum, um euch ungezwungen bewegen zu können.

Blindes Zählen

- Stellt euch in einem Kreis auf mit dem Blick nach außen an die Wand oder das Fenster, sodass ihr niemanden anschaut.
- Wartet, bis es ruhig geworden ist und jeder konzentriert ist.
- Ohne Absprache beginnt einer von euch zu zählen und sagt „eins“. Ein anderer aus dem Kreis sagt „zwei“. Zählt weiter bis zwanzig ohne Absprache und Zeichen, nicht der Reihe nach.
- Wenn zwei gleichzeitig sprechen, muss wieder irgendeiner von vorne anfangen und „eins“ sagen.
- Wenn ihr bei der Zahl „zwanzig“ angekommen seid, dreht ihr euch zueinander, sodass ihr euch sehen könnt.
- Welche Schwierigkeiten hattet ihr bei dieser Konzentrationsübung und was hat euch gefallen?

Standbilder bauen

- Sammelt Redensarten und schreibt sie auf Zettel, z. B.: *Besser den Spatz in der Hand als die Taube auf dem Dach; Viele Köche verderben den Brei ...*
- Bildet nun Gruppen zu 5–6 Spielern. Jede Gruppe zieht nun einen Zettel und versucht, zu dem Satz ein Standbild zu bauen. Beachtet dabei die Hinweise auf dem Tipp-Zettel.

TIPP

Ein Standbild bauen

- Der Regisseur baut mit den Mitspielern ein Bild, indem er die Körperhaltung (Gestik) der Darsteller so lange „formt“, bis sie die richtige Position eingenommen haben. Der Gesichtsausdruck (Mimik) kann vom Regisseur vorgemacht und dann von dem jeweiligen Darsteller nachgeahmt werden. Während der Bauphase wird nicht gesprochen.
- Jetzt erstarren die Darsteller für 30 bis 60 Sekunden wie unbewegliche Statuen. Danach wird das Standbild beschrieben, zuerst von den Beobachtern, dann von den Darstellern.
- Zum Schluss wird der Regisseur befragt, welche Absicht er beim Bau des Standbilds hatte.

Rollenspiel

- Es macht oft Schwierigkeiten, in einer Rolle zu sprechen und gleichzeitig zu spielen.
- Teilt euch in Gruppen auf und entscheidet euch für eine Rolle, die ihr spielen wollt, z. B.: „ein schüchternes Kind“, „einen behäbigen Mann“, „eine stolze Königin“...
- Übt ein paar Minuten, wie ihr diese Rolle am besten darstellen könnt, z. B.: Brust raus, Kopf hoch, Ellenbogen angepresst ...
- Lauft nun durch den Raum und versucht, mit den anderen Kontakt aufzunehmen. Gebt dabei eure Rolle nicht auf!

Mark Twain

Tom Sawyers Abenteuer: Der kluge Anstreicher

Statt die Schule zu besuchen, geht Tom Sawyer lieber fischen oder trifft sich mit seinem Freund Huck. Tante Polly, bei der Tom lebt, ist darüber gar nicht glücklich. Als er es mit seinen Streichen wieder einmal zu arg treibt, bekommt er von seiner Tante eine Strafe aufgebrummt: Tom soll samstags, wenn alle anderen Kinder zum Schwimmen gehen, den Zaun streichen.

Tom tünchte weiter – er kümmerte sich nicht um den Dampfer. Ben starrte ihn einen Augenblick an und sagte dann: „Heda! Du steckst in der Patsche, was?" Keine Antwort. Mit dem Auge des Künstlers begutachtete Tom seinen letzten Strich; dann fuhr sein Pinsel noch einmal mit leichtem Schwung darüber hinweg und er begutachtete das Ergebnis von neuem. Ben bezog neben ihm Stellung. Beim Anblick des Apfels lief Tom das Wasser im Munde zusammen, er blieb jedoch bei seiner Arbeit. Da sagte Ben:
„Hallo, alter Junge, musst arbeiten, was?"
„Ach, du bist's, Ben. Hab's gar nicht gemerkt."
„Ich geh schwimmen, hörst du? Würdest du nicht auch lieber mitkommen? Aber natürlich, du möchtest lieber schuften, nicht wahr?"
Tom betrachtete den Jungen ein Weilchen und fragte dann: „Was nennst du denn Arbeit?"
„Na, ist das vielleicht keine Arbeit?"
Tom machte sich wieder ans Tünchen und meinte gleichgültig: „Na, vielleicht, vielleicht auch nicht. Ich weiß nur eins: Tom Sawyer gefällt's."
„Ach, geh doch, du willst mir doch nicht etwa einreden, dass es dir Spaß macht?"
Der Pinsel fuhr weiter.
„Ob's mir Spaß macht? Na, ich wüste nicht, weshalb es mir keinen Spaß machen sollte. Bekommt ein Junge vielleicht jeden Tag einen Zaun zu streichen?"
Das ließ die Sache in neuem Licht erscheinen. Ben hörte auf, an seinem Apfel zu knabbern. Tom schwang seinen Pinsel mit behutsamer Eleganz hin und her – trat dann zurück, um die Wirkung festzustellen –, setzte hier und da noch einen Tupfer hinzu – kritisierte die Wirkung von neuem, während Ben jede seiner Bewegungen beobachtete und ihn die Sache immer mehr interessierte, immer stärker fesselte. Nach einer Weile sagte er: „Du, Tom, lass mich auch mal ein bisschen streichen."
Tom dachte nach, war schon drauf und dran zuzustimmen, überlegte sich's dann aber wieder anders: „Nein, nein, geht nicht, Ben. Schau, Tante Polly nimmt's arg genau mit dem Zaun hier, er steht ja direkt an der Straße –, wenn's der hinten wär, mir würde es nicht drauf ankommen und ihr auch nicht. Ja, arg genau nimmt sie's mit dem Zaun hier, ganz sorgfältig muss der gestrichen werden; ich glaube, kaum einer von tausend Jungen ist imstande, es so zu machen, wie es sich gehört – vielleicht nicht mal einer von zweitausend."
„Tatsächlich? Ach, komm schon! Lass mich bloß mal versuchen, bloß ein kleines bisschen. An deiner Stelle würd ich dich lassen, Tom."
„Ben, ich würd's ja gerne tun, aber Tante Polly – weißt du, Jim wollte und sie hat ihn nicht gelassen. Sid wollte auch und sie hat ihn auch nicht gelassen. Siehst du nicht, wie ich in der Klemme sitze? Wenn du dich dranmachst und es passiert was damit ..."
„Ach, Quatsch, ich mach's genauso vorsichtig. Komm, lass mich mal versuchen. Ich geb dir ein Stück von meinem Apfel, ja?"
„Nun – ach, Ben, lieber nicht, ich hab Angst ..."
„Ich lass dir den ganzen!"
Tom gab den Pinsel her, Widerstreben im Antlitz, aber frohe Bereitwilligkeit im Herzen. Und während der vormalige Dampfer „Big Missouri" in der Sonne arbeitete und schwitzte, ließ sich der in den Ruhestand getretene Künstler daneben im Schatten auf einem Fass nieder, baumelte mit den Beinen, verdrückte den Apfel und schmiedete Pläne, wie er noch weitere Unschuldige zur Strecke bringen könnte. An Material mangelte es nicht, immer wieder schlenderten Jungen vorbei; sie kamen, um zu spotten, und blieben, um zu weißeln. Als Ben abgekämpft war, hatte Tom bereits die nächste Gelegenheit, sich zu beteiligen, für einen gut erhaltenen Drachen an Billy Fisher verhandelt und als der verschnaufen musste, kaufte sich Johnny Miller ein mit einer toten Ratte samt einer Schnur, mit der man sie herumschwingen konnte; so ging es weiter und immer weiter, Stunde um Stunde. Und als der Nachmittag zur Hälfte vorüber war, da war aus dem am Morgen noch armen Tom ein Junge geworden, der sich buchstäblich in Reichtum wälzte. Die ganze Zeit über hatte er hübsch behaglich gefaulenzt und eine Menge Gesellschaft gehabt – und den Zaun bedeckte eine dreifache Schicht Farbe! Wäre Tom nicht der Weißkalk ausgegangen, so hätte er sämtliche Jungen des Ortes bankrott gemacht.

1 *Lest den gesamten Text mit verteilten Rollen wirkungsvoll vor. Legt dazu fest, wie viele Sprecher und Sprecherinnen ihr insgesamt braucht, und verteilt dann die verschiedenen Rollen.*

2 *a) In den Zeilen 66–74 wird beschrieben, wie mehrere Jungen bei Tom vorbeikommen. Lest diese Zeilen noch einmal.*
b) Schreibt zu jeder Begegnung eine kleine Szene mit Dialog ähnlich der Szene zwischen Tom und Ben. Teilt euch dazu in Gruppen auf. Jede Gruppe übernimmt eine Szene.
c) Spielt eure Szenen. Achtet darauf, das Gesagte durch eure Körperhaltung und -bewegung sowie euren Gesichtsausdruck zu unterstreichen.

Einen Text in ein Hörspiel umarbeiten

Auf dieser Doppelseite wird euch eine Sinneswahrnehmung besonders vorgestellt: das Hören.

Ein Hörspiel besteht nicht nur aus einer Geschichte. Erst durch Geräusche und Stimmen wird es lebendig und spannend.

1 *Geräusche sind ständig um uns herum.*
a) Beschreibt die Geräusche auf den Bildern.
b) Versucht, die Geräusche nachzuahmen: mit den Händen, mit dem Mund oder mit den Gegenständen selbst.

2 *Nicht immer ist möglich, Originalgeräusche aufzunehmen. Mit ein paar Tricks könnt ihr verschiedene Geräusche selbst erzeugen. Überlegt, wie ihr folgende Geräusche selbst erzeugen könnt:* Wasserfall – Pferdehufe – Bremsenquietschen.

Paul Maar

Lippels Traum

Inzwischen war es Morgen geworden. Zuerst noch hatte Lippel die Vögel auf dem Dache der Herberge gehört. Später, als es heller wurde, kamen immer mehr Geräusche dazu. Ein Hirte zog mit einer Herde Ziegen am Haus vorbei. Zuerst hörte Lippel die Ziegen meckern, dann die Stimme des Hirten, der die Tiere antrieb.
Ein Reiter auf einem Esel ritt durch die Gasse. Er musste hier gut bekannt sein. Er wurde von allen Seiten laut und fröhlich gegrüßt und grüßte genauso laut zurück.
Im Nachbarhaus hämmerte jemand.
Eine Männerstimme schimpfte und verfluchte einen gewissen Ali und dessen sämtliche Kinder und Kindeskinder. Schließlich hörte Lippel, wie die dicke Wirtin singend im Innenhof herumging und mit Metallgefäßen schepperte. Wahrscheinlich bereitete sie das Frühstück für die Herbergsgäste.

Lippel spürte, dass Hamide zu ihm herüberschaute. Er wandte sich ihr zu und versuchte zu lächeln. Asslam kommt bestimmt wieder!, sagte er tröstend. Es fiel ihm immer schwerer, Hamide Mut zuzusprechen, denn er wurde selbst immer unruhiger. Jetzt saßen sie schon seit Stunden in diesem Zimmer und warteten. Was war nur geschehen? Ob wir ihn suchen sollten, fragte Hamide. Daran habe ich auch schon gedacht, antwortete Lippel, aber vielleicht kommt er gerade dann zurück, wenn wir weggegangen sind. Ich kann ja gehen und du bleibst hier und wartest auf ihn, schlug Hamide vor. Ich kenne mich in der Stadt besser aus. Nein, ich gehe, sagte Lippel. Wir wissen ja nicht, wo wir ihn suchen sollen. Es ist gar nicht wichtig, dass man sich hier auskennt. Du hast Recht, antwortete Hamide. Allah möge dich beschützen. Sei vorsichtig! Nimm dich vor den Wächtern in Acht!

Aus dem Text „Lippels Traum“ (▶ S. 62) könnt ihr Hörspielszenen gestalten. Teilt euch in Gruppen auf. Jede Gruppe nimmt ihr eigenes Hörspiel auf. Am Ende könnt ihr euch eure Hörspiele vorspielen und vergleichen.

3 *Erstellt einen Szenenplan.*
a) Gliedert den Text in einzelne Szenen. Versucht, euch beim Lesen Bilder von der Situation vorzustellen. Eine Szene endet z. B., wenn Personen hinzukommen, sich entfernen oder ein Gespräch beginnt, z. B.:
1. Szene: Z. 1–2; 2. Szene: ...
b) Übertragt den Szenenplan in euer Heft und schreibt in Stichworten auf, welche Personen in welcher Szene mitspielen und was geschieht.

Szene	Zeilen	Personen	Was geschieht?
1	1–2	Lippel	Vögel zwitschern
2	...	...	...

4 *Für die einzelnen Hörspielszenen ist die wörtliche Rede wichtig.*
a) Schreibt die wörtliche Rede für jede Szene auf. Erfindet auch eigene Sätze, die zu der Szene passen, z. B.: 1. Szene: Hirte: „He, vorwärts, ihr Ziegen!“
b) Durch die Sprechweise der wörtlichen Rede kann die Stimmung einer Szene verdeutlicht werden. Lest nun eure ganze wörtliche Rede mit verteilten Rollen. Achtet dabei auf die Sprechweise und die Betonung.

TIPP
Mögliche Sprechweisen:
ungeduldig, höflich, unfreundlich, wütend, drohend, freundlich, listig, ärgerlich, bittend.

5 *Durch Geräusche wird das Hörspiel „Lippels Traum“ spannend und lebendig.*
a) Lest noch einmal den Text und unterstreicht Textstellen, in denen Geräusche vorkommen.
b) Überlegt, wie ihr die Geräusche erzeugen könnt.
c) Legt eine Geräuscheliste an und tragt auch das Material ein, das ihr benötigt, um das Geräusch zu erzeugen.

Szene	Geräusch	Benötigtes Material
1	Vogelzwitschern	...

6 *Euer Hörspiel-Projekt ist nun gut vorbereitet. Bevor ihr das Hörspiel aufnehmt, solltet ihr einen Regieplan erstellen. Dabei helfen euch eure Aufzeichnungen.*

Regieplan für „Lippels Traum“

Szene: 1

Person	Wörtliche Rede	Sprechweise	verantwortlich	Geräusch	verantwortlich
Lippel	-	-	-	Vogelgezwitscher,	Paul
Hirte	„He, vorwärts, ihr Ziegen!“	aufmunternd	Sebastian	Ziegengemecker	...

7 *a) Nehmt nun das Hörspiel auf. Wiederholt die Aufnahme, bis ihr mit dem Ergebnis zufrieden seid.*
b) Spielt das Hörspiel der Klasse vor. Tauscht euch darüber aus, was euch besonders gut gelungen ist.

Erste Theaterhäuser: Shakespeare

Vielleicht warst du schon einmal mit deinen Eltern oder mit der Schule im Theater. Nicht immer verlief eine Theateraufführung so, wie du sie kennst. Im Laufe der Geschichte gab es vielfältige Formen des Theaters. Diese Doppelseite stellt anhand von Textausschnitten aus einem Jugendbuch einen berühmten Theatermann und seine Theaterwelt vor.

Gary Blackwood

Der Shakespeare-Dieb (1)

England 1587: Mr Bass ist Leiter einer Theaterkompanie, gewiefter Geschäftsmann und verspricht sich von den Stenografiekünsten seines neuen Lehrjungen einigen Nutzen: Hotte soll während einer Aufführung im „Globe“ Shakespeares neuestes Stück „Hamlet“ mitschreiben, damit Mr Bass es in seinen eigenen Spielplan aufnehmen kann, ohne dafür zu zahlen! Doch der Provinzjunge Hotte wird von der Theateratmosphäre und dem Schauspiel vollends in den Bann geschlagen – am Ende der Aufführung hat er nur bruchstückhaft mitgeschrieben. Um der Tracht Prügel von Mr Bass zu entgehen, versteckt Hotte sich im Theater. Und um dem Zorn der Schauspieler zuvorzukommen, erklärt er, dass er nur hier wäre, um Schauspieler zu werden. Das Überraschende: Die Truppe bietet ihm tatsächlich eine kleine Rolle an!

Ein Gebäude lag direkt vor uns. Zuerst hielt ich es für rund, aber dann stellte es sich als achteckig heraus, gut dreißig Fuß[1] hoch und dreimal so breit.

Die gut gekleideten Besucher reichten ihr Eintrittsgeld dem Kassierer und stiegen zu den höher gelegenen Galerien hinauf. Die weniger elegante Menge schob sich durch den Haupteingang in eine Art Hof. Über dem Eingang hing ein Schnitzwerk, auf dem Atlas[2] mit dem Globus auf den Schultern zu sehen war – daher der Name des Theaters, Globe. Darunter stand geschrieben: Totus mundus agit historionem. Ich übersetzte holprig. „Die ganze Welt ... treibt Theater?“ „Die ganze Welt ist Bühne.“

Ein Kassierer nahm meinem Penny[3] und ich trottete weiter, drängelte mich von hier nach da, bis ich gegen eine unbewegliche Wand aus Zuschauern stieß. Der Himmel hilf, dachte ich. Wenn dieses Theater Feuer fängt oder zusammenbricht, sitzen wir gefangen wie die Kaninchen in der Falle.

Die Bühne des Globe war eine erhobene Plattform von etwa vierzig Fuß Breite und ebensolcher Tiefe. Ihr Bretterboden war mit Binsen[4] bestreut. An der hinteren Wand befanden sich links und rechts eine Tür mit Vorhang und ein noch größerer Vorhang dazwischen. Darüber war ein kleiner Balkon mit einem Vorhang im Hintergrund. Ein strohbedecktes Dach überragte nicht nur den Balkon, sondern den gesamten hinteren Teil der Bühne.

Ein Händler mit einem Korb Früchte und ein anderer, der Lederflaschen mit Bier verkaufte, drängten sich durch die Menge. Das Getöse der Stimmen und der Geruch der eng zusammengepferchten Körper waren durchdringend und überwältigend. Selbst als auf einem winzigen Balkon ganz oben im Theater ein Trompeter erschien und eine Fanfare blies, ließ das Gelärme kaum nach. Es verstummte auch nicht, als zwei Männer in Lederwämsern und Helmen auf die Bühne stolzierten. Zuerst dachte ich, sie seien geschickt worden, um die Menge zu beruhigen [...].

Als das Geschwätz schließlich doch noch verstummte, wurden die Worte der Männer hörbar und ich erkannte, dass sie die Schauspieler waren. „War deine Wache ruhig?“, sagte der eine, so laut er nur konnte. „Mucksmäuschenstill“, erwiderte der andere fast schreiend. „Na dann, gut' Nacht. Wenn du Horatio und Marcellus triffst, die mit mir Wache gehn, dann sag, sie soll'n sich sputen.“

1 **Fuß:** englisches Längenmaß: Ein Fuß entspricht ca. 30 cm.
2 **Atlas:** Der antiken Sage nach ein Riese, der das Himmelsgewölbe auf seinen Schultern trägt.
3 **Penny:** englische Münze und Währungseinheit
4 **Binsen:** Pflanzen, die getrocknet als Fußbodenbelag verwendet wurden.

1 *a) Fertige auf einem Plakat eine Skizze des Theaters an. Zeichne die Bühne und die Schauspieler dieser Szene.*
b) Vergleiche dein Ergebnis mit dem deines Banknachbarn oder deiner Banknachbarin. Überlegt gemeinsam, welche Vorteile die runde Form des Theaters hat.

2 *a) Besprecht, mit welchen Schwierigkeiten die Schauspieler zu kämpfen haben.*
b) Haltet fest, inwiefern sich ein heutiger Theaterbesuch von damals unterscheidet.

Gary Blackwood

Der Shakespeare-Dieb (2)

Wir waren längst nicht die Ersten im Theater. Einige Männer waren damit beschäftigt, das Dach neu einzudecken. Andere trugen Kulissen über die Stiege herauf und herab. [...] In sämtlichen Ecken saßen Schauspieler und sprachen mit sich selbst, zogen merkwürdige Fratzen und gestikulierten in jeder Hinsicht wie die Bewohner eines Irrenhauses. Ein rotbäckiger junger Mann machte eine unerwartete Handbewegung und traf mich seitlich am Kopf. Ich wich zurück und wollte mich dafür entschuldigen, ihm in die Quere gekommen zu sein. Zu meiner Überraschung war es der junge Mann, der sich entschuldigte: „Tut mir Leid, hab dich nicht gesehen."

Er drehte sich zu Sander um und wedelte mit seiner Rolle. „Mr Johnson hat mir freundlicherweise dreißig neue Zeilen gegeben, die ich für die Vorstellung heute auswendig lernen darf. Ich hatte Mühe genug, mir die alten zu merken." Sander klopfte ihm auf die Schulter. „Du schaffst das schon, Will. Du schaffst es immer. Und wenn nicht, erfindest du einfach etwas." In vertraulichem Ton fügte er hinzu: „Etwas Besseres, zweifellos." Der Mann namens Will lächelte kläglich. „Gewiss." „Die Vorstellung findet heute also statt? Ich dachte, es sähe wieder nach Regen aus." „Wir hören erst auf, wenn die Bühne unter Wasser steht." Sander lachte. „Dann muss die Bühne wohl gefegt werden. Also fangen wir an." Wir verbrachten die nächste Stunde damit, die schwere Schicht aus nassen verdreckten Binsen von der Bühne zu fegen und eine frische Schicht einzustreuen, die wir von einem Wagen holten, den wir anschließend mit den alten Binsen wieder beluden. Als wir fertig waren, war ich genauso schlapp und nass wie die Binsen. Ich sank an den Rand der Bühne. „Warum hat mir keiner gesagt, dass das Schauspielerleben so aussieht?" [...]

„Komm, es ist Zeit für die Unterweisung." „Aber ich kann schon lesen und schreiben", sagte ich zu ihm, während wir die schmale Stiege hinaufkletterten. „Das wird sehr nützlich sein", sagte Sander, „aber das hier ist eine andere Sorte Unterweisung." Oben befand sich hinter der Treppe ein großer Raum, in dem eine Gruppe Schauspieler Szenen übte. Vor der Tür zu einem weiteren Raum blieben wir stehen. Von drinnen kamen die Geräusche von Schlägen und ein gelegentlicher Schrei. Ich fühlte, wie sich mein Magen zusammenzog. Welcher Art die kommende Unterweisung auch sein mochte, sie wurde offenbar mit Hilfe der Weidenrute eingebläut. Zuerst Schwerstarbeit

und nun Schläge. Ich hätte wissen müssen, dass das Theater genauso herzlos und streng war wie jede andere Anstalt.

Ich blieb zurück und war kurz davor zu fliehen. Aber genau in diesem Moment drehte sich Sander um und winkte mich so fröhlich und freundlich hinein, dass ich meine bösen Ahnungen beiseite schob und ihm in den Unterrichtsraum folgte. Die Szene war ganz und gar nicht so, wie ich sie erwartet hatte. Es gab weder missmutig auf den Bänken sitzende Schüler noch die geringste Spur von jemandem, der geschlagen wurde. Die Geräusche kamen allem Anschein nach von zwei Knaben, die mit hölzernen Stockrapieren[1] ein Scheingefecht austrugen. Einer von ihnen war Nick, der Jüngling, der am Vortag die Zielscheibe der Scherze der Schauspieler gewesen war und der in Hamlet die Königin gespielt hatte. Der andere war die Ophelia des Stückes, ein schlanker Knabe, nicht größer als ich und für Mädchenrollen wesentlich besser geeignet als der aufgeblasene Nick, dessen Stimme und Körperbau so rau waren, dass man ihn sich allenfalls in der Rolle einer älteren Frau vorstellen konnte.

Gegenüber tanzten zwei Schauspieler eine Gigue[2], die auf einem Englischhorn gespielt wurde. Ganz in der Nähe übten Samuel und James, die beiden Anwärter, auf einer Reihe von Binsenmatten Saltos. Sie wurden dabei aufmerksam beobachtet von einem kleinen athletisch wirkenden Mann. [...]

Es war ein langer Morgen. Als Mr Armin es schließlich müde war, uns in tapfere Streiter zu verwandeln – wie er für Fechter sagte –, übergab er uns Mr Phillips, der sich mit unserer Aussprache beschäftigte und etwas, das er „stimmliche Reichweite" nannte, was, soweit ich es verstand, darauf hinauslief, lauter zu schreien als das Publikum.

1 **Stockrapieren:** lange Degen aus Holz
2 **Gigue:** Tanzform

3 *a) Markiere im Text, welche Aufgaben erledigt werden müssen, damit ein Theaterstück aufgeführt werden kann.*
b) Markiere mit einer anderen Farbe die Fähigkeiten, die ein Schauspieler damals haben musste.
c) Vergleiche dein Ergebnis mit dem deiner Banknachbarin oder deines Banknachbarn.

4 *Ergänze dein Plakat über das Shakespeare-Theater um diese neuen Informationen. Überlege, wie du deine Angaben sinnvoll ordnen und übersichtlich darstellen kannst.*

Sachtexte lesen und verstehen

Sachtexte enthalten viele Informationen zu einem Thema. Du findest sie z. B. in Zeitungen, Lexika oder Sachbüchern. Wenn du den folgenden Sachtext genau liest, kannst du erfahren, wie Kamele in der Wüste überleben.

Iris M. Köpke

Überlebenskünstler

Sie sind Weltmeister im Wassersparen, können mit Absicht Fieber bekommen und zählen dornige Sträucher zu ihren Leibgerichten: Kamele sind Meisterwerke der Natur. Kamele haben sich perfekt an ihren heißen Lebensraum angepasst. Da Wasser in der Wüste Mangelware ist, sind die genügsamen Vierbeiner echte Weltmeister im Wassersparen. Hoch spezialisierte Körperteile und Organe helfen ihnen, mit dem extremen Klima klarzukommen.

Kamele haben schlitzförmige Nasenlöcher, die sie bei einem Sandsturm einfach schließen können, damit keine Sandkörnchen an die empfindlichen Schleimhäute gelangen. Aber die Nase hat noch eine andere wichtige Funktion: Sie dient als Klimaanlage, indem sie den Wasserdampf der ausgeatmeten Luft wieder aufnimmt und zur Kühlung von Blut, Augen und Gehirn verwendet.

Ein weiterer Trick, den die „Wüstenschiffe" gezielt gegen Hitze einsetzen, ist das „absichtliche" Fiebern. Bei extremen Außentemperaturen erhöhen Kamele ihre eigene Körpertemperatur auf 42° Celsius. Dadurch verhindern die Tiere das Schwitzen, also einen zusätzlichen Wasserverlust.

Die Überlebenskünstler sind Rekordhalter im Trinken: 200 Liter Wasser saufen sie in nur 15 Minuten! Dieser Vorrat reicht den Kamelen über einen langen Zeitraum, da ihr spezielles Magensystem Wasser und Nährstoffe so lange einlagert, bis das Tier sie wirklich benötigt. Beim Speichern von Wasser machen sich aber auch die Blutkörperchen nützlich. Sie können sich auf das Zweihundertfache ihrer normalen Größe ausdehnen, um Flüssigkeit aufzunehmen.

Obwohl es viele Menschen glauben, ist der Höcker des Kamels kein Wassertank. In ihm befindet sich stattdessen ein Fettreservoir, das das Kamel anlegt, wenn es reichlich Futter gibt. Daraus zapft es sich dann in Notzeiten Energie ab.

Noch etwas macht Kamele einzigartig: Sie gehören zu den wenigen Tieren, die problemlos Salzwasser trinken können. Dafür ist die spezielle Niere zuständig. Sie zieht das Wasser aus dem Harn heraus und führt es dem Körper wieder zu. Der Rest des Urins wird einfach ausgeschieden.

Aber es ist nicht nur ihre Sparsamkeit mit Wasser, die es den Kamelen ermöglicht, in der Wüste zu existieren. Auch andere Körperteile tragen ihren Teil dazu bei, dass die Tiere in dem unwirtlichen Gebiet überleben. Die fleischige, gespaltene Oberlippe des Kamels ist zum Beispiel gut dazu geeignet, dornige Zweige von Akazienbäumen abzureißen, ohne dass das Tier sich dabei verletzt. Selbst die Füße des Kamels sind genau auf ihren Lebensraum abgestimmt. Sie sind groß und tellerförmig. Diese Form verhindert das Einsinken im feinen Wüstensand. Eine dicke Hornschwiele als Sohle schützt zusätzlich vor scharfkantigen Steinen und heißem Boden.

1 *Dieser Sachtext ist in verschiedene Abschnitte gegliedert. Auf der nächsten Seite findest du zu den Textabschnitten 2–7 jeweils drei Überschriften. Nur eine davon passt genau zum Inhalt des entsprechenden Abschnitts. Kreuze jeweils diese eine passende Überschrift an.*

TIPP

Sachtexte sind oft in Abschnitte gegliedert.
Der erste Absatz ist häufig eine allgemeine Einleitung, die in das Thema einführt. Die weiteren Absätze greifen dann spezielle Themenbereiche auf.

2. Abschnitt (Zeile 10–16):
- Klimaanlage als Serienausstattung
- Empfindliche Nasen
- Gefahr durch Sandstürme

3. Abschnitt (Zeile 17–22):
- Erhöhte Körpertemperatur
- Auf Kommando Fieber
- Wasserverlust durch Schwitzen

4. Abschnitt (Zeile 23–31):
- Trinkrekord
- Empfindlicher Magen
- Aufnahme von Flüssigkeit

5. Abschnitt (Zeile 32–36):
- Der Höcker des Kamels
- Weit verbreiteter Irrtum
- Reichlich Futter

6. Abschnitt (Zeile 37–42):
- Spezielle Niere
- Einzigartiges Kamel
- Problem Salzwasser

7. Abschnitt (Zeile 43–54):
- Kakteen als Leibgericht
- Weitere körperliche Vorzüge
- Lebensraum Wüste

2 *Lies dir den Inhalt des ersten Abschnitts (Z. 1–9) noch einmal genau durch. Fasse dann den Inhalt des Abschnitts in ein bis zwei Sätzen zusammen.*

3 *Der Text macht deutlich, welche Einstellung die Verfasserin gegenüber Kamelen hat. Kreuze an, welche Aussage richtig ist.*

- Die Verfasserin findet Kamele witzig.
- Die Verfasserin bewundert Kamele.
- Die Verfasserin hält Kamele für tollpatschig.
- Die Verfasserin denkt, dass es zu viele Kamele gibt.
- Die Verfasserin will, dass Kamele in Zoos gehalten werden.
- Die Verfasserin vergleicht Kamele mit Dromedaren.

4 *Überlege, welche Absicht der Text hat und für wen er geschrieben ist. Formuliere deine Antwort in eigenen Worten.*

5 *Bei den folgenden Sätzen findest du persönliche Meinungen, aber auch Tatsachen, die man überprüfen und beweisen kann. Entscheide zusammen mit deinem Banknachbarn oder deiner Banknachbarin, ob es sich bei den Sätzen um eine persönliche Meinung (M) oder um eine Tatsache (T) handelt, und kreuze das jeweils Zutreffende an.*

Kamele sind hervorragend an das Leben in der Wüste angepasst.	M	T
Mir gefallen Kamele gut. Ich bin sicher, dass jeder Mensch Kamele einfach mögen muss.	M	T
Obwohl es viele Menschen glauben, ist der Höcker des Kamels kein Wassertank.	M	T
Kamele sind Rekordhalter im Trinken.	M	T

Sachtexte und andere Gattungen

Sachtexte haben bestimmte Merkmale. Dadurch unterscheiden sie sich von anderen Textarten wie z. B. Märchen oder Fabeln. Welche besonderen Merkmale ein Sachtext hat, erfahrt ihr hier.

Kamele

Die weisesten Menschen unterscheiden vier Arten: Dromedar, Kamel, Guanako (mit Lama und Alpaka) und Vikunja.

Kamele haben eine Körperlänge von etwa 1,3–3,5m, die Schulterhöhe beträgt 70–230 cm. Sie sind äußerst genügsam und widerstandsfähig. Wenn die Sonne sengend herunterbrennt und alles Leben nach Wasser lechzt, können Kamele ihre körpereigenen Wasserspeicher anzapfen. Die heftig wehenden Sandstürme in der weiten, öden Wüstenlandschaft können Kamelen nichts anhaben: Sie verschließen ihre Nasenlöcher zum Schutz. Mit Nachwuchs sind sie nicht häufig gesegnet. Höchstens alle drei Jahre werfen sie ein Junges.

1 *In diesem Text gibt es vier Textstellen, die nicht zur sachlichen Sprache dieses Textes passen, sondern eher zum Märchen oder zur Erzählung.*
a) Lies den Text genau und unterstreiche diese vier Textstellen.
b) Schreibe die unterstrichenen Textstellen so um, dass sie zur sachlichen Sprache des übrigen Textes passen.

2 *Verfasse eine Lügengeschichte, in der ein Kamel die Hauptrolle spielt. Schreibe in der Ich-Form.*

TIPP
Wenn du unsicher bist, welche Merkmale Lügengeschichten haben, schlage in deinem Schulbuch nach.

Iris M. Köpke/Ruedi Abbühl

Wenn Schneeaffen baden gehen

Fast jeden Tag des Winters erklären die in Japan lebenden Schneeaffen zum Badetag. Genüsslich verbringen die Tiere Stunden damit, sich in heißen Quellen aufzuwärmen. Einige Affen haben dabei sogar das Tauchen gelernt. Bestimmt kennen viele von euch die kreisrunden, mit warmem Wasser gefüllten Whirlpools, die es in den meisten Schwimmbädern gibt. So ähnliche „Whirlpools" findet man auch in der Natur: In Japan gibt es heiße Quellen vulkanischen Ursprungs, die „Onsen" genannt werden. Allerdings genießen hier nicht nur Menschen die angenehme Wassertemperatur. Schneeaffen, die auch Rotgesichtsmakaken genannt werden, verbringen einen Großteil der kalten Wintertage in den Quellen. Keine andere Affenart lebt in kälteren Regionen. In ganz Japan (mit Ausnahme der Inseln Hokkaido und Ryukyu) sind die Rotgesichtsmakaken verbreitet. In der Nähe der Stadt Nagano hat eine Gruppe von rund 200 Tieren eine Möglichkeit gefunden, den langen Winter erträglich zu machen: Von Dezember bis April halten sie sich während des Tages stundenlang im 35°C bis 40°C heißen Wasser auf. Hier entspannen sie, beschäftigen sich mit der sozialen Fellpflege oder tauchen, um Nüsse oder andere Leckerbissen heraufzuholen.

Hase und Affe

Der Affe warf dem Hasen vor, er sehe sich fortwährend um. Der Hase aber entgegnete, der Affe kratze sich fortwährend. Beide kamen überein, einen Tag hindurch vom Sonnenaufgang bis zum Sonnenuntergang beieinander zu sitzen: Der Hase versprach, sich nicht umzuschauen, und der Affe gelobte, sich nicht zu kratzen.
Der festgesetzte Tag kam heran; mit Sonnenaufgang fanden sich beide auf dem bestimmten Platze ein. Regungslos hielt der Hase seine Augen auf den Erdboden geheftet. Ruhig und unbeweglich ruhten die Hände des Affen auf seinem Schoß. Es wurde Mittag. Da sagte der Affe, der es vor Pein kaum noch auszuhalten vermochte: „Als ich im Kriege war, trafen mich die Kugeln hier – und hier – und dort – und dort!" Wohin er mit dem Finger wies, um die Stellen zu bezeichnen, wo die Kugeln ihn getroffen, kratzte er sich schnell.
Auch der Hase, der es kaum noch vermochte, seine Augen auf dem Fußboden vor ihm ruhen zu lassen, begann eine Erzählung: „Als ich im Kriege war", sagte er, „verfolgten mich auch die Feinde. Vor Entsetzen sprang ich bald hierhin, bald dorthin, bald links, bald rechts." Mit Blitzesschnelle folgten dabei seine Augen, die so lange starr auf den Boden geheftet gewesen waren, den Bewegungen seiner Glieder.
Merke: Jeder hat einen Sack voll Tücken.

3 *Lest die beiden Texte. Gebt dann den Inhalt beider Texte mit eigenen Worten wieder.*

4 *Der Text „Wenn Schneeaffen baden gehen" ist ein Sachtext, die Geschichte vom „Hasen und Affen" ist eine Fabel.*
a) Markiere in der Fabel vom „Hasen und Affen" alles, was für eine Fabel typisch ist.
b) Untersuche, wie der linke Text über das Thema „Affen" berichtet. Halte dein Ergebnis in wenigen Stichworten fest.

TIPP
In einer Fabel handeln und sprechen zumeist Tiere. Viele dieser Tiere haben menschliche Verhaltensweisen.

____

____

____

5 *a) Teilt euch in Gruppen auf und haltet auf einer Folie oder einem Plakat fest:*
- *welche Merkmale den linken Text als Sachtext kennzeichnen und*
- *welche Fabelmerkmale ihr im rechten Text finden könnt.*

b) Bestimmt einen oder mehrere Gruppensprecher und präsentiert eure Ergebnisse.

Sachtexte schreiben

Hast du schon einmal versucht, selbst einen Sachtext zu verfassen oder eine Erzählung in einen Sachtext umzuformen? Wenn du die Merkmale von Sachtexten kennst, gelingt dir dies bestimmt.

Siegrid Heuck

Es war einmal eine Insel oder das verlorene Paradies

Es war einmal eine Insel, erzählte eine Mäusemutter ihren Kindern, die war kahl und leer. Kein Baum und kein Strauch wuchsen dort. Eines Tages flog über diese Insel ein Vogel, der ließ etwas fallen. Und weil er kurze Zeit vorher irgendwo Körner aufgepickt hatte, befand sich in dem, was er fallen ließ, ein unverdautes Korn.

Der Regen schwemmte das Korn in die Erde und bald wuchs da, wo es im Boden steckte, ein kleines Bäumchen. Dieses Bäumchen wuchs in vielen Jahren zu einem stattlichen Baum heran. Er trug Früchte und als andere vorbeifliegende Vögel sie entdeckten, ließen sie sich auf ihm nieder. Bald wuchsen viele Bäume auf der Insel und als die Tiere auf den Nachbarinseln die Bäume entdeckten, kamen sie in hellen Scharen.

So entstand ein Paradies.

Eines Tages fuhr ein Schiff an der Insel vorbei. Dem Kapitän gefiel das Paradies und er baute sich ganz oben, auf dem höchsten Berg, ein Haus. Dort wohnte er mit seiner Frau und seinen Kindern.

Manchmal bekam er auch Besuch. Die Leute besuchten den Kapitän gern, denn die Insel gefiel ihnen. Und weil noch viel Platz war, bauten sie sich bald selbst Häuser dort. Auch sie bekamen Besuch und der Besuch bekam wieder Besuch und allen gefiel es sehr und sie bauten sich eigene Häuser.

Sie fällten viele Bäume, um Platz für ihre Häuser zu bekommen, und für die Tiere blieb nicht mehr viel Platz übrig.

Überall lag Abfall herum und wo kein Abfall lag und keine Häuser standen, baute man Straßen.

Da verließen die Tiere die Insel wieder. Und weil die Menschen beim Bau ihrer Häuser immer mehr Holz verbrauchten, standen auf der Insel bald nur noch Häuser und keine Bäume mehr.

Aber das fanden die Menschen auch nicht schön und einer nach dem anderen zog wieder fort. Die Mauern brachen zusammen und das Holz verfaulte. Bald war die Insel wieder so kahl und leer, ohne Baum und Strauch, so wie sie vorher gewesen war, erzählte die Mäusemutter ihren Kindern.

In diesem Augenblick flog ein Vogel über die Insel. Er ließ etwas fallen und weil er kurze Zeit vorher irgendwo Körner aufgepickt hatte, war in dem, was er fallen ließ, ein unverdautes Korn.

1 *Lies den Text aufmerksam durch.*

2 *Forme die Erzählung in einen Sachtext über den „Kreislauf der Natur" um.*
a) Markiere wichtige Textstellen, die du für deinen Sachtext über den „Kreislauf der Natur" verwenden könntest.
b) Übertrage die folgende Tabelle in dein Heft und schreibe auf, was du aus der Erzählung übernehmen kannst, was du verändern musst und was du noch hinzufügen willst.

TIPP
Ein Sachtext will informieren und beschränkt sich deshalb auf das Wesentliche. Er enthält wichtige Tatsachen und Fakten.

Das kann ich aus der Erzählung übernehmen:	Das muss ich verändern:	Das füge ich noch ein:
...	...	...

c) Schreibe nun einen zusammenhängenden Sachtext über den „Kreislauf der Natur". Formuliere dabei sachlich und nüchtern.

3 *a) Tauscht eure Sachtexte untereinander aus. Lest sie aufmerksam und achtet darauf, welche typischen Sachtextmerkmale enthalten sind.*
b) Sagt dem Verfasser oder der Verfasserin, was euch an dem Text besonders gut gefällt und was noch verbessert werden könnte.

Der sachliche Brief

4 *„Im Zeitalter des Handys, Internets und Fernsehens ist es nicht mehr notwendig, Briefe zu schreiben."*
Teilt euch in Gruppen auf und diskutiert über diese Aussage. Begründet eure Meinung.

5 *Sammelt in einem Cluster Stichworte zum Thema „Briefe".*

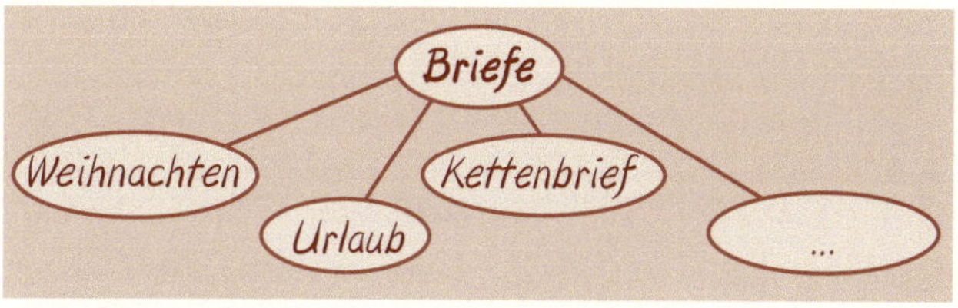

6 *Tragt in einer Tabelle zusammen, aus welchen Anlässen Briefe geschrieben werden und an welche Empfänger sie jeweils gerichtet sind.*

Schreibanlässe	Empfänger (Adressat)
...	*Reisebüro, Hotel*
Verlust von persönlichen Besitzgegenständen	...

7 *Viele von euch fahren dieses Jahr ins Schullandheim. Schreibt einen sachlichen Brief an das Schullandheim Seehaus in der Seestraße 12 in 85678 Prien am Chiemsee mit der Bitte um Auskunft zu Preisen und Unterbringungsmöglichkeiten für einen einwöchigen Aufenthalt.*

Karl Valentin

An einen befreundeten Wirt in Passau

Lieber Freund! München, den 6. 7. 1934

Deinen Brief haben wir erhalten; du schreibst mir, wenn ich 10 Tage Urlaub habe, könnten wir bei dir arbeiten. Leider haben wir vier Wochen Urlaub. Das käm dir zu teuer. Du schreibst auch, auf ein paar Mass käme es dir nicht an. Rechne es dir aus, ich und Fräulein Karlstadt allein trinken täglich 15 Mass Bier und essen täglich an die 4 Pfund Leberkäs. Du schreibst weiter, Samstag und Sonntag können wir bei dir arbeiten, Samstag ginge das allerdings, aber sonntags gehen wir von morgens 6 Uhr bis abends 9 Uhr in die Kirche, da ginge es also nicht. Außerdem schreibst du, wir sollen auf der Bühne auftreten, das sind wir nicht gewöhnt, da wir nur auf den Fußsohlen auftreten.
Außerdem hat es einen Haken – wir dürfen keine Doppelverdiener sein. Da ich und Frl. Karlstadt neben unserem Komikerberuf Taschendiebe sind und mit diesem Beruf schwer Geld verdienen, würde uns ein Auftreten in deiner Wirtschaft sehr übel genommen werden. Vom 28. Juli bis 6. August hätte ich auch keine Zeit, da ich in dieser Zeit den Christbaum herrichten muss für Weihnachten.
Dass du mir die Fahrt von München nach Passau bezahlen willst, ist sehr schön von dir, aber unnötig, da wir leidenschaftliche Fußgänger sind. Im Falle, dass doch ein Gastspiel in deiner Wirtschaft zustande kommen würde, schlage ich vor unseren 12-Akter „Müller und sein lediges Kind" zu geben. Allerdings sind darin 260 Personen ohne Souffleur beschäftigt. Das Kind zu diesem Stück würde ich selbst mitbringen, samt Mutter im Wochenbett.

Bis dahin Gruß und Kuss!
Karl Valentin

8 *Ihr wisst, dass Karl Valentin selten ernst sein konnte. So hat er auch einen komischen Antwortbrief auf die ernsthafte Anfrage eines Wirtes verfasst.*
a) Suche dir einen Partner oder eine Partnerin und lest euch den Brief gegenseitig vor.
b) Überlegt gemeinsam, welches ernsthafte Anliegen der Wirt hatte. Unterstreicht dazu im Text alle Stellen, die einen Hinweis auf das Anfrageschreiben des Wirtes enthalten.
c) Wie könnte der Brief des Wirtes gelautet haben? Versetzt euch in die Rolle des Wirtes und verfasst ein mögliches Anfrageschreiben.

Sachtexte

Sachtexte enthalten wichtige Informationen zu einem Thema. Der folgende Test zeigt dir, ob du die wichtigsten Gedanken aus einem Text selbstständig erschließen kannst. Lies den Text genau, dann kannst du die Fragen bestimmt beantworten.

Marc van Roosmalen: Superheld am Amazonas

Die Zeit der großen Entdecker ist noch nicht vorbei: Der Biologe Marc van Roosmalen hat viel Zeit am Amazonas verbracht und einen Flecken unerforschter Erde gefunden. Im brasilianischen Amazonien gibt es ein Gebiet, in das Marc van Roosmalen immer wieder gerne zurückkehrt, denn im Urwald entlang des Rio Aripuna wimmelt es nur so von unbekannten Tierarten. Zum ersten Mal kam er vor acht Jahren hierher. Er hatte gehört, dass es irgendwo am Madeira eine neue Affenart geben solle.

Als er von seiner Reise nach neun Monaten wiederkam, war er auf mehr gestoßen, als er gesucht hatte: 20 bislang unbekannte Affenarten hat er gefunden, aber auch fünf Vogelarten, ein Zwergstachelschwein und verschiedene Pflanzen. Mit den Pflanzen und Früchten hat er sich besonders intensiv beschäftigt: Wer Affen finden will, muss ihre Nahrung und damit die Orte, die sie aufsuchen, kennen.

Nicht allen gefallen seine aufregenden Forschungen und sein großer Einsatz für den Regenwald. Die brasilianischen Behörden beäugen ihn misstrauisch. In diesem Jahr wurden aus seinem Garten zahlreiche Arbeitsmaterialen beschlagnahmt, weil er eine kleine Menge Affenkot zur Analyse nach New York geschickt hatte. Die Behörden nannten es „verbotenen Export von Bio-Material". Seitdem fühlt er sich ein wenig unwohl und denkt, dass man ihn mit aller Gewalt loswerden möchte.

Die amerikanische Zeitschrift „Time" hingegen hat ihn für sein Engagement zum „Helden für den Planeten" gekürt. Eigentlich könnte er sich jetzt zurücklehnen, sich über seinen Ruhm freuen und die Behörden vergessen. Aber das liegt dem rastlosen Abenteurer nicht, stattdessen wird er sich wieder in das nächste Abenteuer stürzen. Den unvergleichlichen Moment, einer neuen Tierart gegenüberzustehen, möchte er nicht missen.

1 *Dieser Sachtext ist in verschiedene Abschnitte gegliedert. Hier findest du zu den Textabschnitten 2–4 jeweils drei Überschriften. Nur eine davon passt genau zum Inhalt des entsprechenden Abschnitts. Kreuze jeweils diese eine passende Überschrift an.*

2. Abschnitt (Zeile 10–16):
- ☐ Entdeckung unbekannter Tierarten
- ☐ Sensationelle Orte
- ☐ Unbekannte Pflanzen und Früchte

3. Abschnitt (Zeile 17–25):
- ☐ Einsatz für den Regenwald
- ☐ Untersuchung von Affenkot
- ☐ Beschlagnahmung wichtiger Unterlagen

4. Abschnitt (Zeile 26–33):
- ☐ Held des Naturschutzes
- ☐ Anerkennung durch die Zeitschrift „Time“
- ☐ Unbedeutender Ruhm

2 *Lies dir den Inhalt des ersten Abschnitts (Z. 1–9) noch einmal genau durch. Fasse dann den Inhalt des Abschnitts in ein bis zwei Sätzen zusammen.*

____

____

3 *Der Text macht deutlich, was der Verfasser über Marc van Roosmalen und dessen Arbeit denkt. Kreuze an, welche Aussage richtig ist.*

- Er hält van Roosmalen für einen ernsthaften Forscher.
- Der Verfasser denkt, dass die Arbeit van Roosmalens unwichtig ist.
- Der Verfasser will, dass van Roosmalen seine Arbeit nur noch im Labor fortsetzt.
- Der Verfasser hält van Roosmalen für kurios.

4 *Überlege, welche Absicht der Text hat und für wen er geschrieben ist. Formuliere deine Antwort in eigenen Worten.*

____

____

____

5 *Bei den folgenden Sätzen findest du persönliche Meinungen, aber auch Tatsachen, die man überprüfen und beweisen kann. Entscheide, ob es sich bei den Sätzen um eine persönliche Meinung (M) oder um eine Tatsache (T) handelt, und kreuze das jeweils Zutreffende an.*

Meiner Meinung nach ist die Erforschung von Affenarten völlig uninteressant.	M	T
Im Urwald finden sich auch heute noch unbekannte Tierarten.	M	T
Einige Menschen sind Forschern gegenüber misstrauisch.	M	T
Für mich sind alle Forscher rastlose Abenteurer.	M	T

Forschungs- und Entdeckungsreisen

Forschungs- und Entdeckungsreisen haben die Menschen seit Anbeginn der Zeit in nicht bekannte Teile der Erde

____

geführt. Das 15./16. Jahrhundert war das eigentliche Zeitalter der Entdeckungen. Im Auftrag seiner Hoheit des spani-

____

schen Königs entdeckte z. B. Columbus 1492 Amerika. Zunächst hatten die Entdecker nur Kenntnisse von den Küsten-

____

streifen, erst allmählich drangen sie tiefer in die Kontinente vor. Lange Zeit hielten sich Menschen von den undurch-

____

dringlichen, dunklen Tiefen des Urwalds fern, sodass er den Tieren und Pflanzen vorbehalten blieb.

____

6 *In diesem Text gibt es drei Textstellen, die nicht zur sachlichen Sprache dieses Textes passen, sondern eher zum Märchen oder zur Erzählung.*
a) Lies den Text genau und unterstreiche diese vier Textstellen.
b) Schreibe die unterstrichenen Textstellen so um, dass sie zur sachlichen Sprache des übrigen Textes passen.

Hausaufgaben organisieren

Du kennst sicher das Gefühl, dass man vor lauter Hausaufgaben nicht weiß, wo man anfangen soll. Wie du die Zeit für deine Hausaufgaben selbst besser planen und einteilen kannst, erfährst du hier.

Mit der richtigen Helligkeit (60-Watt-Birne, Fenster)

an einem passenden Arbeitsplatz.

Frische Luft und 18 Grad Raumtemperatur

nach dem Essen und einer Erholungspause.

schriftliche und mündliche Aufgaben abzuwechseln.

Achte darauf,

Mache die Hausaufgaben

lassen dich wacher bleiben.

Beginne mit den Hausaufgaben

arbeitest du schneller und konzentrierter.

1 *Der Fehlerteufel hat zugeschlagen. Er hat bewährte Tipps zum Erledigen der Hausaufgaben durcheinander gebracht. Welche Zettel gehören zusammen? Verbinde jeweils zwei Zettel zu einem sinnvollen Tipp.*

2 *Schreibe die Tipps auf und ordne sie dabei nach deinen eigenen Bedürfnissen von „1 = sehr wichtig" bis „5 = weniger wichtig".*

TIPP

Vergebt für eure Hausaufgaben Punkte oder Sternchen, je nach Wichtigkeit des Bearbeitens.
Legt dann fest, wann und wie lange ihr euch den einzelnen Aufgaben widmen wollt.
Denkt daran: Zur Arbeitszeit gehören auch Pausen. Haltet euch an die Regel: „Hausaufgabenzeit = 2/3 Arbeit + 1/3 Pause".

Schulordnung für die Gymnasien in Bayern

§ 42 Hausaufgaben

(1) Um den Lehrstoff einzuüben und die Schüler zu eigener Tätigkeit anzuregen, werden Hausaufgaben gestellt, die von einem Schüler mit durchschnittlichem Leistungsvermögen in angemessener Zeit erledigt werden können. Die für die gesamte häusliche Vorbereitung benötigte Arbeitszeit soll in der Unterstufe zwei Stunden nicht überschreiten. Sonntage, Feiertage und Ferien sind von Hausaufgaben freizuhalten.

(2) Schriftliche Hausaufgaben dürfen in den Jahrgangsstufen 5 bis 10 in den Fächern, in denen gemäß Anlage 8 Schulaufgaben vorgesehen sind, in der Jahrgangsstufe 11 in allen Vorrückungsfächern gegeben werden; die gelegentliche Anfertigung von nicht zu umfangreichen Skizzen und Tabellen kann auch in anderen Fächern verlangt werden. [...]

(3) Die Schüler der Unterstufe und Mittelstufe führen ein Aufgabenheft, in das jeder Lehrer alle schriftlichen, mündlichen und ggf. praktischen Aufgaben eintragen lässt.

3 *Die Schulordnung nennt zwei Zielsetzungen, warum Hausaufgaben gegeben werden.*
Formuliere die beiden Punkte mit eigenen Worten.

____

____

____

____

4 *a) Unterstreiche im Text alle Informationen, die das Thema „Hausaufgaben" betreffen.*
b) Überprüfe, ob du den genannten Zeitrahmen zur Erledigung der Hausaufgaben einhalten kannst. Reicht der angegebene Zeitrahmen nicht, dann schreibe einmal auf, wie du die letzten beiden Nachmittage verbracht hast.
c) Besprich dein Ergebnis mit einem Mitschüler oder einer Mitschülerin. Sucht gemeinsam nach Lösungen.

Schaubild „Arbeit/Zeit"

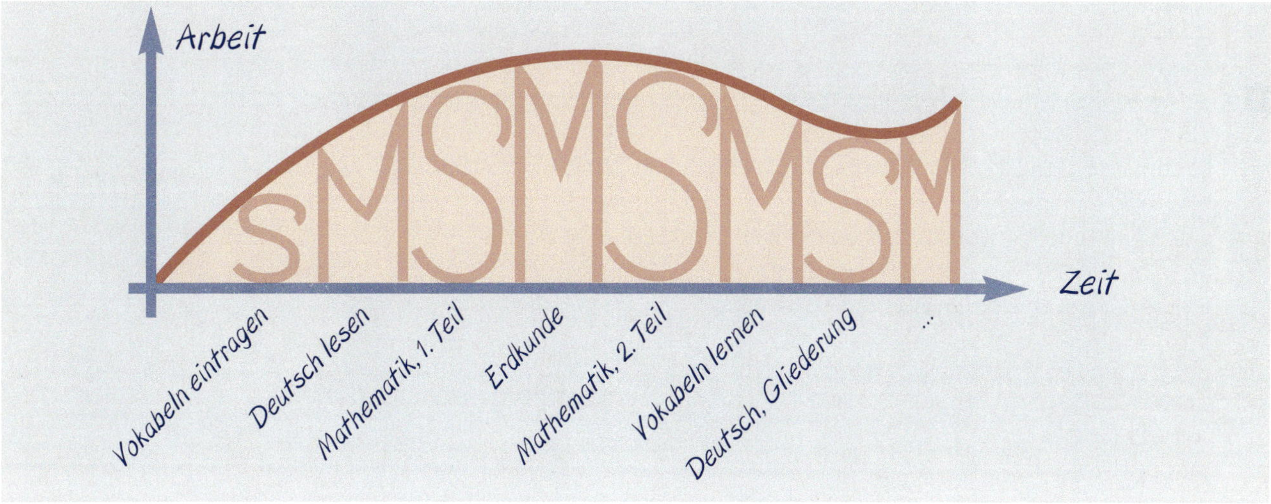

5 *a) Beschreibt das Schaubild in Partnerarbeit. Klärt dabei folgende Fragen:*
- ☐ *Was bedeuten die Buchstaben „S" und „M"?*
- ☐ *Wie lässt sich der Verlauf der Kurve erklären?*

b) Tragt eure Ergebnisse vor.
c) Versucht, für eure Hausaufgaben am heutigen Nachmittag ein ähnliches Diagramm zu erstellen.

Volle Konzentration

Manchmal lässt bei anstrengenden Aufgaben die Konzentration nach. Dann bleibt trotz aller Mühe nur noch „wenig hängen". Die folgenden Konzentrationsübungen helfen euch, zwischendurch zu entspannen.

Wenn ihr merkt, dass eure Konzentration beim Lernen nachlässt, könnt ihr folgende Übungen ausprobieren.

1 *Reibt eure Handinnenflächen aneinander, bis sie warm sind. Dann legt die Hände mit der warmen Innenseite auf eure geschlossenen Augen.*
Genießt jetzt einfach die Wärme, die von euren Händen auf die Augen übergeht.
Nach etwa einer Minute lasst ihr die Hände sinken, öffnet langsam die Augen und atmet tief durch.

2 *Legt beide Hände auf euren Kopf und fasst mit beiden Daumen an eure Schläfen.*
Mit den Fingerkuppen der anderen Finger beginnt ihr jetzt, langsam und mit sanftem Druck eure Kopfhaut zu massieren.
Ihr spürt sicherlich, wie angenehm das ist.
Schließt die Augen und sagt still vor euch hin:
„So kann ich mich besser konzentrieren!"

3 *Seid zwei Minuten ganz still, sodass ihr auch entfernte Geräusche wahrnehmen könnt.*
Sprecht danach in Dreiergruppen darüber, was ihr gehört habt.

4 *Beim Lernen muss man Pausen einlegen, um auf neuen Lernstoff umschalten zu können.*

☐ Andreas setzt sich vor den Fernseher und schaut sich eine Nachmittagstalkshow an.

☐ Angelika geht in die Küche und holt sich ein Glas Saft.

☐ Tobias geht zum Fenster, macht es kurz auf und streckt sich.

☐ Maria holt ihren Walkman und hört sich ihren Lieblingssong an.

☐ Michael nimmt aus dem Regal ein spannendes Jugendbuch und beginnt zu lesen.

☐ Oliver holt seine Inlineskater und dreht ein paar Runden um den Häuserblock.

a) Wie sollte eine Erholungspause aussehen? Stelle eine Rangordnung auf und notiere vor den Aussagen der Schülerinnen und Schüler eine Ziffer von „1 = sehr gut" bis „6 = sehr schlecht".
b) Vergleiche dein Ergebnis mit dem deiner Banknachbarin oder deines Banknachbarn. Begründet kurz eure Rangordnung.

Siegfried Lenz

Kleines Strandgut

Dies Tauende, diese Buddel, dieser Knochen und dieser pockenbesetzte Pott: Ein wenig gedreht und gewendet und träumerisch gegen den Horizont gehalten, laden sie uns ein, ihrer Herkunft nachzudenken. Sanft appellieren[1] sie an unsere Phantasie, mögliche Schicksale zu entwerfen – und das heißt ja schon, ihnen eine Geschichte erfinden: ihre eigene Geschichte. Und wir lassen uns um so leichter dazu verführen, weil alles, was wir am Saum des Meeres finden, etwas bezeugt: einen Unfall, ein Versehen, Leichtsinn und Übermut, Gewalt und ordnungsgemäßen Tod.

Muscheln zum Beispiel sind die alltäglichste Münze. Überall liegen sie herum, längst zu Tode getrocknet, es kracht unterm Schuh, wenn sie zerbrechen, der kleine Sebastian aus Solingen schneidet sich auch schon mal an ihrem scharfen Rand; doch wer stehenbleibt und sich hinabbeugt zu dem armen Häufchen, könnte so einiges bemerken.

Ich meine nicht nur die vielfältigen Formen und den irisierenden[2] Glanz in ihrem Innern – so glänzen die Flossen des fliegenden Fischs auf, wenn er sich aus dem Rücken der Welle hebt –, ich denke vor allem an die unvergänglichen Farben, an das Rosa, das Stahlgrau, das Blau – jenes Blau der Tiefe. Das kann nur, das muß Undines[3] Blau sein, das Blau ihrer Augen, das zur Tiefe lockt, bei dessen Anblick man liebliche Stimmen hört. Vielleicht, denk ich, war es Undine selbst, das heißt: ihre Meer gewohnte Schwester, die dieses Häufchen zusammengesucht hat, um in der Nacht, wenn endlich das Gekreisch der Möwen aufhört, ihren ganz privaten Matrosenfriedhof zu schmücken. R

1 **appellieren:** sich an jemanden wenden

2 **irisierend:** in den Regenbogenfarben schillernd

3 **Undine:** weiblicher Wassergeist

5 *Vielleicht hast du solche Beobachtungen auch schon einmal gemacht. Sicher war das im Urlaub, wo du viel Zeit hattest und deinen Gedanken einfach freien Raum gegeben hast. Dieses Erlebnis und das besondere Gefühl kannst du dir zurückholen.*

- ☐ *Lehne dich zurück, schließe die Augen und erinnere dich an das gleichmäßige Rauschen des Meeres.*
- ☐ *Denke an dein Strandgut, das du gefunden hast.*
  - *Wie sah es aus?*
  - *Wie hat es sich angefühlt?*
  - *Kannst du dich noch an die Gedanken und Gefühle erinnern, die du damals hattest?*
  - *Waren andere Personen mit dabei?*
  - *Weißt du noch, was du damals gemacht hast?*
  - *Gab es Geräusche, an die du dich erinnerst?*

Schreibe Stichpunkte zu deinem Strandgut auf.

Mein Strandgut:

6 *Beschreibe deinem Banknachbarn oder deiner Banknachbarin dein Strandgut.*

7 *Versuche, dir dein Erlebnis zu bewahren. Schreibe deine Erinnerungen auf ein besonders schönes Blatt Papier oder schreibe einen Brief an dich selbst.*
Du kannst dein Erlebnis auch auf Kassette sprechen und mit passender Musik unterlegen.

Schulaufgaben vorbereiten

Mit der richtigen Übung sind Schulaufgaben nur halb so schlimm. Auf den folgenden Seiten findest du Tipps, die dir die Vorbereitung auf Prüfungen leichter machen.

Am Tag vor der Schulaufgabe: Bei Andreas zu Hause ist dicke Luft. Morgen soll eine Schulaufgabe in Englisch geschrieben werden. Andreas wusste zwar seit 14 Tagen den Termin für die Prüfung. Er hat aber das Lernen dafür immer wieder aufgeschoben. Nun sitzt er schon den ganzen Nachmittag da und paukt sich die neuen Vokabeln und neue Grammatikkapitel ein. Außerdem müsste er natürlich noch den alten Stoff wiederholen. Man weiß ja nie, was genau drankommt. Vier Stunden sitzt Andreas nun schon über seinen Büchern.

Am Tag der Schulaufgabe: Die Englisch-Schulaufgabe ist geschrieben. Andreas ist enttäuscht, denn während der Arbeit war ihm vieles nicht mehr eingefallen, was er gestern gelernt hatte. Jetzt, auf dem Nachhauseweg, kann er sich an das meiste wieder erinnern. Aber da ist es zu spät.

Am Tag der Rückgabe der Schulaufgabe: Einige Tage später liest Andreas unter seiner Schulaufgabe in dicker, roter Schrift: „mangelhaft". Zu Hause sind seine Eltern entsetzt: „Du hast doch stundenlang für die Arbeit gepaukt und jetzt so etwas! Mensch, Andreas!"

1 *Könnt ihr erklären, was Andreas falsch gemacht hat? Sprecht darüber.*

2 *Du hattest das Gefühl, für eine Schulaufgabe ausreichend gelernt zu haben, und trotzdem bist du mit dem Ergebnis nicht zufrieden? Kein Grund, den „Kopf in den Sand zu stecken". Überlege, was du bei der nächsten Prüfung besser machen kannst. Der folgende Fragebogen hilft dir dabei.*

1. Welches Ziel hattest du dir für diese Schulaufgabe gesetzt?

____

____

____

2. Hast du das Ziel erreicht?

☐ Ja: Nenne Gründe, die zum Erfolg beigetragen haben.

____

____

____

☐ Nein: Nenne Dinge, die du falsch gemacht hast.

____

____

____

3. Welche Ziele nimmst du dir für die nächste Schulaufgabe vor?

____

____

____

4. Nenne konkrete Maßnahmen, wie du diese Ziele erreichen willst. (Vermeide allgemeine Formulierungen wie: „Für das Fach muss ich mehr lernen.")

____

____

____

3 *Sprich mit einem Partner oder einer Partnerin über eure Antworten. Formuliert dann gemeinsam Tipps zur Prüfungsvorbereitung.*

____

____

____

4 *In den folgenden Tipps findest du auch Aussagen, die beim Lernen wenig hilfreich sind. Streiche, was nicht zu den Lerntipps passt. Ergänze eigene Lerntipps.*

Ich kläre rechtzeitig, was in der Schulaufgabe verlangt wird.

Ich beginne mindestens 4 Tage vor der Schulaufgabe mit dem Lernen.

Ich trage alles zusammen, was zum Lernstoff gehört, und verschaffe mir einen Überblick.

Ich formuliere Fragen (Was-, Wo-, Wer-, ... Fragen) an den Lernstoff.

Ich arbeite an einem Stück bis tief in die Nacht.

Schwierige Begriffe, Formeln oder Vokabeln schreibe ich auf Karteikarten.

Ich wiederhole nur das, was im Heft steht. Das ist das Wichtigste.

Am Tag vor der Schulaufgabe wiederhole ich noch einmal alles.

Ich schreibe mir das Wichtigste geordnet auf einen Stichwortzettel.

Ich verteile den Lernstoff auf mehrere Tage.

5 *Entwerft in Gruppenarbeit ein Plakat, auf dem ihr die wichtigsten Lerntipps übersichtlich und gut gestaltet anordnet. Hängt das beste Plakat im Klassenzimmer auf.*

Autoren- und Quellenverzeichnis

S. 9: Preussler, Otfried: Das kleine Gespenst. Thienemann Verlag, Stuttgart 1998, S. 1–2; **S. 10:** Lindgren, Astrid: Mio, mein Mio. Oetinger Verlag, Hamburg 1955, S. 134-137; **S. 12:** Bote, Hermann: Wie Eulenspiegel sich bei einem Brotbäcker als Knecht verdingte und Eulen und Meerkatzen buk. Aus: Till Eulenspiegel. Übertragen und bearbeitet von Gisela Geisler, Büchergilde Gutenberg, Frankfurt am Main 1971, S. 27–28; **S. 13:** Kästner, Erich: Wie Till Eulenspiegel in einem Bienenkorb schlief. Aus: Till Eulenspiegel. Atrium Verlag, Zürich 1999, S. 21–25; **S. 15:** Kästner, Erich: Das fliegende Klassenzimmer. Atrium Verlag, Zürich 2001, S. 113–115; **S. 18:** Ende, Michael: Der Wunschpunsch. Thienemann Verlag, Stuttgart 1989, S. 137–139; **S. 19:** Omas Nusskuchen. Aus: Geitl, Andreas: Köstliches aus der bayerischen Küche. Hans-Peter Kock Verlag, Bielefeld S. 135; **S. 22:** Kilian, Susanne: Aber manchmal. Aus: Die Stadt ist groß. Beltz & Gelberg, Weinheim 1987; **S. 23:** Heuck, Sigrid: Geschichten aus Noahs Bordbuch. Thienemann Verlag, Stuttgart 1990, S. 58–61; **S. 24:** Bächler, Wolfgang: Der Nebel. Aus: Gedichte für Anfänger. Hg. von Joachim Fuhrmann. Rowohlt, Reinbeck 1980, S. 75; **S. 25:** Fontane, Theodor: Gorm Grymme. Aus: Sämtliche Werke. Hg. von Edgar Groß. Nymphenburger Verlagshaus, München 1962, S. 79–81; **S. 29:** Preussler, Otfried: Die kleine Hexe. Thienemann Verlag, Stuttgart 2000, S. 7–9; **S. 30:** Nach: Lindgren, Astrid: Ronja Räubertochter. Oetinger Verlag, Hamburg 2003, S. 72–78; **S. 31:** Nach: Lindgren, Astrid: Ronja Räubertochter. Oetinger Verlag, Hamburg 2003, S. 36–38; **S. 32/33:** Lindgren, Astrid: Pippi Langstrumpf. Oetinger Verlag, Hamburg 2003, S. 17, 19; **S. 37:** Der Feuersalamander. Aus: Pflanzen, Tiere und Naturschutz. Der Kinderbuchverlag, Berlin 1984, S. 21; **S. 38:** Preussler, Otfried: Die kleine Hexe. Thienemann Verlag, Stuttgart 2000, S. 3, 26; **S. 42:** Ende, Michael: Jim Knopf und Lukas, der Lokomotivführer. Thienemann Verlag, Stuttgart 1960, S. 175–176; **S. 43:** Ende, Michael: Jim Knopf und Lukas, der Lokomotivführer. Thienemann Verlag, Stuttgart 1960, S. 147–148; **S. 46:** Das Berggeistl. Aus: Märchen von der Erde. Hg. von Barbara Stamer. Fischer Verlag, Frankfurt am Main 1998, S. 78–81; **S. 48:** Die Schlangenkönigin. Aus: Märchen von der Erde. Hg. von Barbara Stamer. Fischer Verlag, Frankfurt am Main 1998, S. 159; **S. 48:** Der Schlangenbanner. Aus: Deutsche Volkssagen. Hg. von Leander Petzoldt. Beck Verlag, München 1970, S. 76; **S. 49 (Text 1):** Aus: Deutsche Volkssagen. Hg. von Leander Petzoldt. Beck Verlag, München 1970, S. 231; **S. 49 (Text 2):** Aus: Die Ratte in der Pizza und andere moderne Sagen und Großstadtmythen. Hg. von Bengt af Klintberg, Butt, Kiel 1990, S. 26; **S. 49 (Text 3):** Aus: Fischer, Helmut: Der Rattenhund. Sagen der Gegenwart. Rheinland-Verlag, Pulheim 1991, S. 53 f; **S. 50:** Barron, T. A.: Merlin. Wie alles begann. Deutscher Taschenbuch Verlag, München 2002, S. 156–159; **S. 54** (Schüttelreim von Heinz Erhardt): Aus: Das große Heinz Erhardt Buch. Fackelträger Verlag, Hannover 1970, S. 222; **S. 54** (Schüttelreim von Eugen Roth.): Aus: Das neue Eugen Roth Buch. Carl Hanser Verlag, München 1970, S. 91; **S. 55**: Kunert, Günter: Leute. Aus: Ich und du und die ganze Welt. Hg. vom Gertraud Middelhauve. Middelhauve Verlag, Köln 1979; **S. 55**: Johansen, Hanna: Ein Krokodil. Aus: Wie man Berge versetzt. Beltz & Gelberg, Weinheim 1981; **S. 56:** Brender, Irmela: Ich, mein Feind. Aus: Irmela Brender/Günter Stiller: Streitbuch für Kinder. Beltz & Gelberg, Weinheim 1973; **S. 57:** Hohler, Franz: Tschipo. Luchterhand, Darmstadt und Neuwied 1976; **S. 58:** Härtling, Peter: Das war der Hirbel. Deutscher Taschenbuch Verlag, München 1981, S. 7–11; **S. 61:** Twain, Mark: Tom Sawyers Abenteuer. Gerstenberg Verlag, Hildesheim 2001, S. 25–28; **S. 62:** Maar, Paul: Lippels Traum. Deutscher Taschenbuch Verlag, München 2001, S. 198–199; **S. 64:** Blackwood, Gary: Der Shakespeare-Dieb. Deutscher Taschenbuch Verlag 2002, S. 62; **S. 65:** Blackwood, Gary: Der Shakespeare-Dieb. Deutscher Taschenbuch Verlag 2002, S. 115 f; **S. 66:** Köpke, Iris M.: Überlebenskünstler. Aus: www. geolino.de (Stand: August 2004); **S. 69:** Köpke, Iris M./Abbühl, Rudi: Wenn Schneeaffen baden gehen. Aus: www.geolino.de (Stand: August 2004); **S. 69:** Hase und Affe. Aus: Fabeln asiatischer, afrikanischer und nordamerikanischer Völker. Hg. von Jacob Szliska. Verlag Kunke, Saarbrücken, S. 24; **S. 70:** Heuck, Sigrid: Es war einmal eine Insel oder das verlorene Paradies. Aus: 200 kurze Geschichten für Kinder von 5–10. Hg. von Karin Schupp. Verlag Ernst Kaufmann, Lahr 1999, S. 172; **S. 71:** Valentin, Karl: An einen befreundeten Wirt in Passau. Aus: Sämtliche Werke. Pieper Verlag, München 1991, S. 65 f; **S. 72:**Superheld am Amazonas. Nach: www.geolino.de (Stand: August 2004); **S. 77:** Lenz, Siegfried: Kleines Strandgut. Aus: Lenz, Liselotte und Siegfried (Mitverf.): Kleines Strandgut. Hoffmann und Campe, Hamburg 1986

Bildquellenverzeichnis

S. 30: Illustration von Ilon Wikland. © Verlag Friedrich Oetinger GmbH, Hamburg 1982; **S. 33:** Illustration von Rolf Rettich. © Verlag Friedrich Oetinger GmbH, Hamburg 1987; **S. 38:** Illustration von Sabine Wilharm. © Carlsen Verlag GmbH, Hamburg 1998; **S. 40:** Illustration von Winnie Gebhardt-Gayler, aus: Otfried Preußler: Die kleine Hexe. © 1957 by Thienemann Verlag (Thienemann Verlag GmbH), Stuttgart-Wien; **S. 42/43:** Illustration von F. J. Tripp, aus: Michael Ende: Jim Knopf und Lukas, der Lokomotivführer.© 1960 by Thienemann Verlag (Thienemann Verlag GmbH), Stuttgart-Wien; **S. 59:**Alexa Gelberg, Weinheim; **S. 62:** Peter Wirtz, Dormagen; **S. 77:** Illustration von Liselotte Lenz, aus: Kleines Strandgut. Hoffmann und Campe, Hamburg 1986

Intensivierung Deutsch

Lösungen **5**

Seite 4

1 b) *zum Beispiel:*
Name, Alter, Adresse, Geschwister, Haustier, Hobbys, Wünsche

2 b) *zum Beispiel:*
- *Wie lautet dein vollständiger Name:*
- *In welchem Ort/in welchem Stadtteil wohnst du?*
- *Was gefällt dir dort besonders?*
- *Wie alt bist?*
- *Hast du Geschwister? Sind sie älter als du? Wie heißen sie?*
- *Hast du ein Haustier? Berichte über die Pflege.*
- *Welche Hobbys hast du?*
- *Erzähle über den Sport, den du betreibst.*
- *Erzähle von deinen Wünschen.*

Seite 6

1 *Von Anfang an müsst ihr euch gegenseitig respektieren, euch aussprechen lassen und euch gegenseitig zuhören.*
Ein (Stuhl-) Kreis zeigt eure Zusammengehörigkeit und eure Gleichberechtigung, jeder kann jeden sehen und ihn auch hören.

2 *zum Beispiel:*

Unser Klassenklima

+	–
□ *Jeder darf offen seine Meinung sagen.* □ *Wir helfen uns gegenseitig.* □ *Wir lachen gemeinsam, wenn etwas lustig ist, aber wir lachen nicht übereinander.* □ *Wir gestalten gemeinsam Klassenfeste.* □ *Auf dem Wandertag spielen wir miteinander.*	□ *Wir lassen den anderen häufig nicht ausreden.* □ *Wir sind manchmal zu laut, sodass man sich nicht verstehen kann.*

Seite 7

5 *Achtet darauf, dass die Folie gut lesbar beschrieben wird.*

6 *Folgende Tipps können euch helfen:*
- *Wenn Ihr eine Folie auflegt und den Inhalt vorlest, blickt zu euren Mitschülern, nicht so sehr auf die Folie*
- *Deutet nicht mit dem Finger auf die Folie, damit eure Mitschüler das Geschriebene lesen können. Deutet eventuell mit einem Kugelschreiber auf das Geschriebene.*
- *Sprecht laut und deutlich. Wenn ein Schüler oder eine Schülerin eine Frage hat, meldet er oder sie sich. Dann wird ihm oder ihr vom Vortragenden das Wort erteilt.*

7 a) *Um ein gut lesbares, übersichtliches Plakat zu erstellen, solltet ihr zuerst überlegen, in welcher Schriftgröße ihr die Regeln aufschreiben wollt. Setzt Farben sparsam und sehr gezielt ein. Zum Beispiel kann die Überschrift farbig geschrieben werden, um sie herauszuheben.*

Die Regeln für ein faires Klassengespräch könnten lauten:
- *Jeder darf in unserer Klasse seine Meinung offen sagen.*
- *Keiner wird in unserer Klasse ausgelacht.*
- *Wir lassen jeden Mitschüler und jede Mitschülerin stets ausreden.*
- *Wir hören einander zu.*
- *Fragen, die alle angehen, werden in der Klasse besprochen.*
- *Über wichtige Fragen stimmen wir ab.*

Seite 8

1 a) *Die zu ergänzenden Erzählschritte sind unterstrichen.*
Einleitung, Hinführung, Höhepunkt, Schluss
b) *zum Beispiel:*
- *treffende Verben*
- *anschauliche Adjektive*
- *unterschiedliche Satzanfänge*
- *Gedanken und Gefühle der Figuren beschreiben*
- *Sinneseindrücke wiedergeben*
- *Verzögerungen einbauen (Zeitlupe)*
- *Bilder und Vergleiche benutzen*

Seite 9

3 *zum Beispiel:*
Unsere Eltern waren ohne meinen kleinen Bruder und mich verreist und wollten erst morgen wiederkommen. Über den freien Abend freuten wir uns sehr und gingen erst ins Bett, als sich keiner von uns beiden mehr wach halten konnte. Ich hatte mich gerade hingelegt und das Licht ausgeschaltet. Weil ich das Fenster geöffnet hatte, bewegte der Wind die Vorhänge am Fenster. Plötzlich ging die Tür von meinem Zimmer auf. Etwas bewegte sich auf mich zu und kam unaufhaltsam näher. Zuerst dachte ich, mein Bruder käme herein. Aber die Umrisse der Gestalt waren beängstigend groß, viel größer als mein kleiner Bruder. Hilflos verbarg ich meinen Kopf unter der Decke und versuchte, mucksmäuschenstill zu sein und nicht zu atmen. Irgendetwas bewegte sich hin und her. Was sollte ich tun? Mir war angst und bange. Mein Herz raste. Wie gelähmt lag ich unter der Bettdecke ...

4 a) *Ideen für eine* ***realistische Geschichte:*** *Die „Gestalt" ist nur eine Einbildung oder tatsächlich ein Einbrecher. Die Umrisse entpuppen sich als die Eltern, die früher zurückgekommen sind und die Kinder nicht wecken wollten.*

In einer ***Fantasieerzählung*** *passieren ungewöhnliche Dinge, wie sie in der Wirklichkeit nicht geschehen. Häufig treten fantastische Wesen (Zauberer, Hexen, Riesen) auf, Tiere und Gegenstände können sprechen. Zu viel Außergewöhnliches* *macht aber die Erzählung unübersichtlich und unverständlich. Deshalb musst du darauf achten, dass auch in einer Fantasieerzählung die Personen, Gegenstände und Ereignisse zueinander passen und das Geschehen in logischer Reihenfolge abläuft.*

***Lügengeschichten** erzählen von ganz unmöglichen oder bis zur Unwahrscheinlichkeit übertriebenen Begebenheiten. Lügengeschichten werden in der Regel in der Ich-Form erzählt.*

Typische Merkmale von Lügengeschichten sind:

- ☐ *übertreiben/aufschneiden*
- ☐ *Beteuerung, die Wahrheit zu sagen*
- ☐ *Ankündigen oder Eingestehen der Lügen*
- ☐ *Lügenketten bilden*
- ☐ *Lügen steigern*
- ☐ *um die Wette lügen*
- ☐ *geschickte Ausreden erfinden*

5 *Die Reizwortgeschichte muss Einleitung, Hauptteil und Schluss haben und eine Spannungssteigerung bis zum Höhepunkt aufweisen.*

Seite 11

1 *a) und b)*
Im Text findest du zahlreiche Stellen, die spannend und anschaulich erzählt werden. Bei vielen Textstellen findest du hier in Klammern die sprachlichen Mittel, mit denen die Autorin die Spannung steigert.
zum Beispiel:

Astrid Lindgren
Mio, mein Mio

„Jetzt", raunte ich Jum-Jum zu, „jetzt!" (wörtliche Rede, treffendes Verb)
Und wir kletterten über die Mauer. Schnell, schnell kletterten wir über die Mauer, schnell, schnell (Wiederholung) rannten wir in der Finsternis auf Ritter Katos Burg zu. Wir pressten (treffendes Verb) uns gegen die schwarze (anschauliches Adjektiv) Wand und standen unbeweglich (anschauliches Adjektiv) und fürchteten, die Späher könnten uns entdecken. (Gedanken)
„Wie kommt man in Ritter Katos Burg hinein?", flüsterte Jum-Jum. „Wie kommt man in die schwärzeste Burg der Welt hinein?" (wörtliche Rede, treffendes Verb, anschauliches Adjektiv) Kaum (passendes Adverb) hatte er das gesagt, öffnete sich eine Tür in der Wand. Völlig lautlos öffnete sich eine schwarze Tür neben uns. Nicht ein einziger Laut war zu hören. Wenn diese Tür wenigstens geknarrt hätte, als sie sich öffnete. Wenn sie in ihren Angeln gequietscht hätte, nur ein ganz klein wenig gequietscht hätte, es wäre nicht so unheimlich gewesen. (treffende Verben, anschauliche Adjektive)
Jum-Jum und ich fassten uns an den Händen und gingen in Ritter Katos Burg hinein. Und wir fühlten uns so winzig und ängstlich wie nie zuvor. (Gefühle)
Denn so finster war nie eine Finsternis, so eisig war nie eine Kälte, so boshaft war nie eine Stille wie hier in Ritter Katos Burg. (Sinneseindrücke, Vergleiche)
Von der Tür führte eine schmale, finstere (anschauliche Adjektive) Wendeltreppe nach oben. Eine höhere und dunklere Treppe hatte ich noch nie gesehen. (Vergleich) „Wenn nur die Finsternis nicht so unheimlich wäre", flüsterte Jum-Jum. „Wenn nur Ritter Kato nicht so grausam wäre und wir nicht so klein und einsam!" (wörtliche Rede, anschauliche Adjektive)
Ich hielt mein Schwert umklammert, als wir die Treppe hinaufschlichen. (treffende Verben) Ich ging voran und Jum-Jum folgte. Im Traum bin ich manchmal durch dunkle Häuser gegangen, die ich nicht kannte. Unbekannte, entsetzliche Häuser. Da waren schwarze Zimmer, die mich umschlossen, sodass ich nicht atmen konnte, Fußböden, die sich gerade dort, wo ich gehen wollte, zu jähen Tiefen öffneten, Treppen, die zusammenstürzten und mich mitrissen. Aber kein Haus im Traum war so entsetzlich, so furchtbar wie Ritter Katos Burg. (Vergleich) Wir stiegen und stiegen diese Wendeltreppe hinauf und wussten nicht, was am Ende der Treppe war. „Mio, ich habe Angst" (wörtliche Rede), flüsterte Jum-Jum hinter mir. Ich wandte mich nach ihm um und wollte seine Hand nehmen. Aber gerade da verschwand Jum-Jum. Die Wand verschluckte ihn und ich konnte nicht begreifen, wie es geschah.
Ich blieb allein auf der Treppe stehen, tausendmal einsamer als damals, da wir uns im Berg des Schwertschmiedes verloren hatten, tausendmal einsamer als je zuvor. Ich war verzweifelt. (Vergleich, Gefühle) Zu schreien wagte ich nicht, aber ich tastete mit meinen zitternden Händen über die Wand, in der Jum-Jum verschwunden war, und weinte und flüsterte: „Jum-Jum, wo bist du? Jum-Jum, komm zurück!" (wörtliche Rede)
Aber die Wand blieb kalt und hart unter meinen Händen. Da gab es keinen Spalt, der Jum-Jum herauslassen konnte. Alles war still wie zuvor. Kein Jum-Jum antwortete (Sinneseindrücke), als ich weinte und flüsterte.
So einsam war wohl keiner auf der Welt wie ich, als ich weiter die Treppe emporstieg. (Vergleich) Meine Schritte waren schwer. Kaum konnte ich noch meine Füße heben. Die Stufen waren so hoch und ihrer waren so viele. (Verzögerung/Zeitlupe) So viele – und eine von ihnen war die letzte. Aber ich wusste nicht, dass es die letzte war. Ich wusste nicht, dass die Treppe ein Ende nahm. Das weiß man nicht, wenn man im Finstern Treppen steigt. (Gedanken) Ich tat einen Schritt und trat ins Leere. Ich schrie auf und fiel. Doch im Sturz glückte es mir noch, mich an der obersten Treppenstufe festzuklammern. Da hing ich und zappelte und suchte mit den Füßen nach Halt. Aber da war nichts. Ich schwebte über einer schwarzen, bodenlosen Tiefe. (Sinneseindrücke) Ich hatte Angst und es gab keine Hilfe. Gleich stürze ich ab, dachte ich, und dann ist alles vorbei ... Oh, hilf mir doch einer, hilf mir. (Gedanken) Da ging jemand auf der Treppe. War es Jum-Jum? Kam er zurück? (Gedanken)
„Jum-Jum, guter Jum-Jum, hilf mir", flüsterte ich. (wörtliche Rede)
Ich sah ihn nicht, es war ja finster. (Sinneseindrücke) Ich sah sein freundliches Gesicht nicht und nicht seine Augen, die denen von Benka so glichen. Aber er flüsterte mir etwas zu. „Jaja, nimm meine Hand, dann werde ich dir helfen", flüsterte der, den ich für Jum-Jum hielt. „Nimm meine Hand, dann werde ich dir helfen." Und ich nahm seine Hand. Aber es war keine Hand. Es war eine Klaue aus Eisen.

Seite 12

2 *Till Eulenspiegel nimmt die Worte, die der Bäckermeister im Zorn gesagt hat, wörtlich. Eigentlich meint der Bäcker, Eulenspiegel solle nicht so dumm fragen. Eulenspiegel versteht ihn absichtlich falsch.*

3 *a) und b) zum Beispiel:*

Zeitangaben (Wann?)	*Handlungsschritte*	*Ortsangabe (Wo?)*
tagsüber	*Eulenspiegel lässt sich als Bäckerknecht einstellen.*	*Braunschweig*
am zweiten Tag abends	*Auftrag des Bäckers*	*Backstube*
nachts am gleichen Tag	*Erfüllung des Auftrags*	*Backstube*
am Morgen des dritten Tages	*Zorn des Bäckermeisters*	*Backstube*
dritter Tag vormittags	*Eulenspiegel nimmt die gebackenen Meerkatzen und geht in die Herberge*	*Herberge „Zum wilden Mann“*
vierter Tag, St. Nikolaustag	*Eulenspiegel verkauft Eulen und Meerkatzen*	*vor der Sankt-Nikolaus-Kirche in Braunschweig*
vierter Tag abends	*Der erzürnte Bäcker sucht Eulenspiegel, aber dieser ist schon mitsamt dem Geld verschwunden*	*vor der Sankt-Nikolaus-Kirche*

Seite 13

5 *Ideen für eure Postkarten:*

- *Du hast mich voller Hohn angeschrien. So behandelt man keinen Menschen. Und Till Eulenspiegel schon gar nicht.*
- *Wir hätten zusammen reich werden können.*
- *Ich bin doch schlauer, als du denkst. Jetzt siehst du, was du an mir gehabt hast.*
- *Hochmut kommt vor dem Fall.*
- *Dein Jähzorn hat dich vorschnell und ungerecht handeln lassen. Das zahlt sich nie aus.*

6 ***Wie Till Eulenspiegel in einem Bienenkorb schlief***

Einmal war Till mit seiner Mutter in einem Nachbardorf zur Kirchweih. Dort trank der Lümmel so viel Bier, dass er schon am hellen Mittag total betrunken war. Außerdem war er auch müde und suchte sich ein schattiges Plätzchen zum Schlafen.

Dabei geriet er in einen stillen Garten, in dem viele Bienenstöcke standen. Es waren auch leere Stöcke darunter und in einen der leeren Bienenstöcke legte er sich und schlief ein. Er schlief von Mittag bis gegen Mitternacht. Und Frau Eulenspiegel, die ihren Herrn Sohn überall auf dem Kirchweihrummel gesucht hatte, dachte, er sei schon längst nach Hause gegangen.

Stattdessen lag er, wie gesagt, in dem leeren Bienenkorb und schlief seinen Schwips aus. Gegen Mitternacht kamen zwei Diebe in den stillen, abgelegenen Garten und wollten einen Bienenkorb stehlen, um dann den Honig zu verkaufen.

„Wir werden den schwersten Korb nehmen“, sagte der eine Dieb. „Je schwerer der Korb ist, umso mehr Honig hat er.“ „In Ordnung“, sagte der andere. Und dann hoben sie die Körbe der Reihe nach hoch. Der schwerste war natürlich der, in dem Eulenspiegel lag. Und deshalb nahmen sie den, luden ihn sich auf die Schultern, schleppten ihn aus dem Garten auf die Straße hinaus und wanderten stöhnend und schwitzend ihrem Dorf zu.

Eulenspiegel war natürlich aufgewacht und ärgerte sich, dass ihn die beiden Kerle geweckt hatten und nun auch noch nachts in ein Dorf schleppten, in dem er gar nicht wohnte. Als sie ihn so eine Weile getragen hatten, griff er vorsichtig aus dem Bienenkorb heraus und zog den Vorderen furchtbar an den Haaren.

„Aua!“, schrie der Dieb. „Bist du denn ganz verrückt geworden?“ Er dachte selbstverständlich, der andere Dieb sei es gewesen, und schimpfte schauderhaft. Der andere wusste nicht, was los war, und sagte: „Du bist wohl übergeschnappt? Ich schleppe an dem Bienenkorb wie ein Möbelträger und du bildest dir ein, ich hätte Zeit und Lust, dich an den Haaren zu ziehen! Zu dumm!“ Eulenspiegel amüsierte sich königlich und nach einer Weile rupfte er den Hintermann am Haar, und zwar derartig, dass ihm ein Büschel Haare in der Hand blieb.

„Nun wird mir's aber zu bunt!“, brüllte der Dieb. „Erst träumst du, ich hätte dich an den Haaren gezogen. Und nun reißt du mir fast die Kopfhaut runter! So eine Frechheit!“ „Blödsinn!“, knurrte der andere. Sie stritten, fluchten und ächzten, dass Till Eulenspiegel beinahe laut gelacht hätte. Aber das ging natürlich nicht. Stattdessen riss er fünf Minuten später den Vordermann derartig am Haar, dass der mit dem Schädel an den Bienenkorb krachte, den Korb fallen ließ, sich umdrehte und dem Hintermann wütend mit beiden Fäusten ins Gesicht schlug. Nun ließ auch dieser Dieb den Korb fallen und warf sich mit aller Wucht auf den Vorderen. Im nächsten Augenblick lagen beide am Boden und rangen und schlugen und kratzten sich. Eulenspiegel aber blieb gemütlich in seinem Korb liegen und schlief weiter, bis ihn am Morgen die Sonne weckte.

Dann stand er auf und ging seiner Wege. Er kehrte übrigens nicht zu seiner Mutter zurück, sondern verdingte sich bei einem Raubritter als Reitknecht. Obwohl er gar nicht reiten konnte! So ist es kein Wunder, dass ihn der Ritter sehr bald aus seiner Burg hinauswarf.

Seite 14

1 *a) zum Beispiel:*

Schwerer Verkehrsunfall in Schwabing

Am Mittwoch kam es in Schwabing zu einem schweren Verkehrsunfall. Gegen 16 Uhr fuhr ein 46-Jähriger aus Holzkirchen mit seinem Personenwagen mit Anhänger auf der Belgrader Straße stadtauswärts. An der Kreuzung Hohenzollernstraße wollte er nach links in die Hohenzollernstraße abbiegen, beachtete aber ein entgegenkommendes Fahrzeug nicht. Auf der Kreuzung kam es zum Zusammenstoß, wobei der 19-jährige Lenker des entgegenkommenden Fahrzeugs gegen einen Lastwagen geschleudert wurde, der an der Kreuzung wartete. Der 19-Jährige wurde eingeklemmt und musste durch die Feuerwehr befreit werden. Mit schweren Verletzungen wurde er in ein Münchner Krankenhaus eingeliefert. Der 46-Jährige und sein siebenjähriger Sohn wurden verletzt in die nächste Ambulanz gebracht.

Beide Personenwagen erlitten Totalschaden und mussten ebenso wie der beschädigte Lastwagen abgeschleppt werden. Der gesamte Schaden wurde auf 10.000 € geschätzt. Für die Dauer der Rettungsmaßnahmen wurde die Kreuzung bis 17 Uhr gesperrt.

b) *zum Beispiel:*

Wer?	– *46-Jähriger und ein 19-Jähriger*
Wo?	– *in Schwabing, Kreuzung Hohenzollernstraße/ Belgrader Straße*
Wann?	– *Mittwoch gegen 16.00 Uhr*
Warum?	– *Missachtung der Vorfahrt durch den 46-Jährigen*
Wie?	– *Zusammenstoß auf Kreuzung,* – *Wagen des 19-Jährigen gegen einen Lastwagen geschleudert*
Welche Folgen?	– *19-Jähriger schwer verletzt, durch Feuerwehr befreit* – *46-Jähriger und sein siebenjähriger Sohn verletzt* – *beide PKWs Totalschaden, Lastwagen nicht mehr fahrtüchtig, gesamter Schaden ca. 10.000 €* – *Kreuzung bis 17 Uhr gesperrt*

Seite 15

2 a) *zum Beispiel:*

Erich Kästner
Das fliegende Klassenzimmer

Da drehte sich Matthias suchend um und fragte: „Wo ist den eigentlich der Kleine? Er ist weg!"
Johnny sah auf die Uhr. „Es ist kurz nach drei", sagte er. „Uli hatte doch um drei Uhr irgendetwas vor."
„Freilich", rief Martin. „Auf dem Turnplatz draußen. Da bin ich aber neugierig."
Sie verließen die Halle und liefen zu dem Platz hinüber. Sie bogen um die Ecke und blieben wie angewurzelt stehen. Der Platz war voller Schüler. Und alle schauten zu der hohen Turnleiter hinauf, auf der Uli mühsam balancierte. Den aufgespannten Regenschirm hielt er hoch über sich.
Martin flüsterte: „Um Gottes willen! Er will herunterspringen!" Und schon rannte er über den Platz und die anderen drei folgten ihm. Der Turnplatz war, trotz des Schnees, höllisch glatt. Johnny fiel hin.
„Uli!", schrie Matthias. „Tu's nicht!"
Doch in diesem Augenblick sprang Uli ab. Der Schirm stülpte sich sofort um. Und Uli sauste auf die verschneite Eisfläche hinab. Er schlug dumpf auf und blieb liegen. Die Menge rannte schreiend auseinander. Im nächsten Augenblick waren die vier Freunde bei dem Verunglückten. Uli lag leichenblaß und besinnungslos im Schnee. Matthias kniete neben Uli und streichelte ihn in einem fort.
Dann rannte Johnny ins Haus, um die Krankenschwester zu holen. Und Martin lief zum Zaun, kletterte hinüber und alarmierte den Nichtraucher. Der war ja Arzt. Er musste helfen. Und der Justus war auch noch bei ihm. [...]
Matthias, Martin, Johnny und Sebastian standen schweigend am Fenster des Vorsaals, der zur Krankenstube des Internats führte. Sie durften nicht hinein. [...] Das Warten dauerte ja eine Ewigkeit. Da öffnete sich leise die Tür. Der Justus trat heraus und kam eilig auf sie zu.
„Es ist nicht sehr schlimm", sagte er. „Der Beinbruch ist unkompliziert. Und außerdem hat er leichte Quetschungen am Brustkorb. Gehirnerschütterung war nicht festzustellen. Also, Kopf hoch, Jungens!"
Die Freunde atmeten auf. Matz presste das Gesicht an die Fensterscheibe. Seine Schultern zuckten. Der Justus sah aus, als wolle er den großen Bengel streicheln. Er traute sich aber nicht recht. „In vier Wochen ist er wieder gesund", meinte Doktor Bökh. „Und jetzt will ich rasch den Eltern telefonieren, dass der Junge über Weihnachten hier bleiben muss."
Er wollte schon gehen. Da fragte er noch: „Könnt ihr mir, um alles in der Welt, erklären, warum er auf den idiotischen Einfall gekommen ist, mit dem Schirm von der Leiter herunterzuspringen?"
„Sie haben ihn immer alle geärgert", erzählte Matthias schluchzend. „Er sei ein Feigling, haben sie gesagt, und solche Sachen."
Matthias zog das Taschentuch heraus und putze sich die Nase. „Und ich Rindvieh habe ihm gestern geraten, er müsse eben mal was zeigen, was den anderen imponiere."

b) *zum Beispiel:*

Wer?	– *Schüler Uli*
Wo?	– *Turnplatz des Internats*
Wann?	– *15.00 Uhr, Dezember, kurz vor Weihnachten*
Wie?	– *Sprung von der Turnleiter mit aufgespanntem Regenschirm; Warnung eines Mitschülers*
Warum?	– *um den Ruf, er sei ein Feigling, zu widerlegen; aus Verzweiflung*
Welche Folgen?	– *bewusstlos, unkomplizierter Beinbruch, Quetschungen am Brustkorb*

c) *zum Beispiel:*
Unfall auf dem Turnplatz
Im Dezember ereignete sich kurz vor Weihnachten auf dem Turnplatz eines Internats ein Unfall, bei dem sich der Schüler Uli verletzte. Der Schüler wollte beweisen, dass er kein Feigling ist, und sprang trotz der Warnung eines Mitschülers mit einem aufgespannten Regenschirm von der Turnleiter der Schule. Er blieb bewusstlos auf dem Boden liegen. Eine herbeigerufene Krankenschwester und ein Arzt versorgten den verletzten Jungen auf der Krankenstation des Internats. Bei den Verletzungen handelte es sich um einen unkomplizierten Beinbruch und Quetschungen am Brustkorb.

3 *Beispiele:*
Martin: *Johnny, Matthias und ich haben Uli vermisst. Dann haben Johnny und ich uns daran erinnert, dass Uli für 15.00 Uhr auf dem Turnplatz eine Veranstaltung angekündigt hatte. Wir sind dann zum Turnplatz gerannt und haben dort die Menschenmasse gesehen. Ich habe sofort erkannt, dass Uli von der Turnleiter springen will. Ich bin dann zu ihm gerannt, um ihn aufzuhalten. Aber bevor ich angekommen bin, ist Uli schon abgesprungen. Er ist dann leichenblass und besinnungslos im Schnee liegen geblieben. Ich habe dann sofort den Arzt geholt.*

Johnny: *Um kurz nach drei haben Martin, Matthias und ich gemerkt, dass Uli nicht da ist. Ich erinnere mich genau, weil ich noch auf die Uhr geschaut habe.*
Martin und ich haben uns daran erinnert, dass Uli für 15.00 Uhr auf dem Turnplatz eine Veranstaltung angekündigt hatte. Wir sind dann sofort zum Turnplatz gerannt und haben den Schülerauflauf gesehen. Weil der Turnplatz vereist war, bin ich ausgerutscht und hingefallen. Als ich gesehen habe, dass Uli bewusstlos auf dem Boden liegt, bin ich sofort ins Haus gerannt und habe die Krankenschwester geholt.

Matthias: *Ich habe Uli vermisst. Martin und Johnny haben sich dann daran erinnert, dass Uli um drei Uhr irgendetwas auf dem Turnplatz machen wollte. Wir sind dann zum Turnplatz gerannt und haben den Schülerauflauf gesehen. Als ich Uli auf der Leiter gesehen habe, habe ich noch geschrien, er soll es nicht tun. Aber da ist Uli schon abgesprungen. Wir sind dann sofort zu Uli gerannt. Der lag bewusstlos auf dem Boden und ich habe ihn gestreichelt. Ich dachte, dass er dann vielleicht wieder wach wird.*

Seite 16

2 *a) und b)*
1. Abschnitt (Zeile 1–3): Ziel des Experiments
2. (Zeile 4–7): Benötigtes Material
3. Abschnitt (Zeile 8–13): Beschaffenheit der Materialien
4. Abschnitt (Zeile (14–22): Versuchsaufbau
5. Abschnitt (ab Zeile 23): Teilvorgänge des Experiments (Dieser Abschnitt ist noch nicht vollständig. Du sollst ihn in den folgenden Übungen erst ergänzen.)

3 *a) Die Zeichnungen sind in der folgenden Reihenfolge abgebildet: 2–4–3–1.*
b) zum Beispiel:
- *Wasser steigt über den Docht hoch*
- *breitet sich von der Mitte des Rundfilters her aus*
- *Farbe wird mitgeschwemmt*
- *um den schwarzen Punkt herum bilden sich hellere Farbringe*

Seite 17

4 *a) Die Erklärung für den Begriff „Chromatogramm" findet ihr in den Zeilen 7–8.*
b) Wichtige Informationen für die Vorgangsbeschreibung findet ihr in den Zeilen 1–8.
c) zum Beispiel:
Das Wasser steigt aus dem Glasbecher über den Docht zum Rundfilter auf. Auf dem Rundfilter breitet sich das Wasser von der Mitte her aus. Dabei werden Bestandteile der schwarzen Farbe mitgeschwemmt. Weil die Farbteilchen unterschiedlich schwer sind, werden die einzelnen Bestandteile der Farbe auch unterschiedlich weit mittransportiert. Es entstehen Farbringe um den schwarzen Punkt in der Mitte des Rundfilters. Die Farbringe auf den beiden Rundfiltern unterscheiden sich. Das liegt daran, dass die Faserschreiber von zwei unterschiedlichen Herstellern kommen und deshalb auch die schwarzen Farben unterschiedlich zusammengesetzt sind. Diese Farbbilder werden Chromatogramme genannt.

5 *b) zum Beispiel:*
- *weniger Wasser im Glasbecher*
- *Wasser an Wollschnur hochgestiegen und verdunstet*
- *beim Verdunsten hat sich gelöstes Salz wieder vom Wasser getrennt: Salz kristallisiert*
- *Salzkristalle an Schnur abgelagert*

c) und d) zum Beispiel:
1. Teilvorgang: Wasser in einen Glasbecher füllen, so viel Salz hineingeben und mit dem Löffel verrühren, bis sich kein Salz mehr auflöst (klar, lauwarm, halb voll, vollständig, kräftig, dazugeben, vermischen, auflösen)
2. Teilvorgang: Schnur an einem Bleistift befestigen (festbinden)
3. Teilvorgang: Rest der Schnur in das Gemisch aus Salz und Wasser tauchen (teilweise, eintauchen, legen)
4. Teilvorgang: Gefäß mit der Salzlösung an einen Ort stellen, Gemisch steigt in der Schnur auf, Wasser verdunstet, Salzkristalle lagern sich an der Schnur ab (warm, allmählich, verdunsten, stellen)

6 ***gesättigte Lösung:*** *Eine bestimmte Wassermenge kann nur eine bestimmte Menge eines anderen Stoffes lösen. Ist diese Menge erreicht, spricht man von einer gesättigten Lösung.*
Gemisch: *Mischung verschiedener Stoffe. In einem Gemisch behalten die Stoffe ihre ursprünglichen Eigenschaften. Man kann sie deshalb wieder voneinander trennen.*
kristallisieren: *Vorgang, bei dem z. B. durch Verdunstung von Wasser aus einer Salzlösung Salzkristalle abgeschieden werden.*

7 *a) zum Beispiel:*
Auskristallisieren von Salzen
Lösungen aus unterschiedlichen Stoffen kann man in ihre Bestandteile zerlegen. So kann man aus einer gesättigten Salzlösung Salz gewinnen. Dieses besondere Verfahren heißt Auskristallisieren von Salz.
Bei diesem einfachen Versuchsaufbau mit der gesättigten Salzlösung bleibt aber nur das Salz übrig, denn das Wasser verdunstet. Für die Durchführung dieses Experiments benötigt man einen Glasbecher als Behälter, einen Löffel zum Verrühren sowie einen Bleistift und eine Schnur aus Wolle.
Den Glasbecher füllt man etwa halb voll mit klarem, lauwarmem Wasser. Dazu gibt man Salz und verrührt es kräftig mit einem Löffel, bis sich das Salz vollständig aufgelöst hat und eine gesättigte Salzlösung entsteht. Anschließend befestigt man ein Stück einer Wollschnur an einem Bleistift und wickelt die Schnur um den Bleistift. Das freie Ende der Schnur muss etwa so lang sein, wie der Glasbecher hoch ist. Den Bleistift legt man dann auf den oberen Rand des Glasbechers, sodass das freie Ende der Schnur teilweise in die Lösung eintaucht.
Nun stellt man das Ganze an einen warmen Ort, wo das Wasser allmählich verdunsten kann. Nach einiger Zeit bilden sich an der Schnur Salzkristalle. Wenn das gesamte Wasser verdunstet ist, bleiben nur noch die Salzkristalle übrig.
b) Diesen Vorgang nennt man Auskristallisieren von Salzen, weil nach der Verdunstung des Wassers von der gesättigten Salzlösung nur noch die Salzkristalle übrig bleiben.

Seite 18

1 *b) zum Beispiel:*

Michael Ende
Der Wunschpunsch

Inzwischen war im Labor die Arbeit bereits in vollem Gang. Als Erstes ging es darum, die verschiedenen Substanzen zusammenzusuchen, die zur Herstellung des satanarchäolügenialkohöllischen Wunschpunsches erforderlich waren. Der lange Pergamentstreifen lag auf dem Fußboden ausgerollt und war mit Bücherstapeln beschwert, damit er sich nicht wieder zusammenwickelte. Nachdem Irrwitzer und Tyrannja noch einmal gründlich die Gebrauchsanweisung am Anfang durchstudiert hatten, fingen sie nun mit dem eigentlichen Rezept an. Beide standen über den Text gebückt und entzifferten, was da geschrieben stand. Das wäre für Nicht-Zauberer ganz unmöglich gewesen, denn es handelte sich um eine ungeheure komplizierte Geheimschrift, den sogenannten Infernal-Code. Doch dessen Entschlüsselung beherrschten sie beide aus dem FF. Außerdem waren die Angaben über die nötigen Grundsubstanzen anfangs noch relativ leicht verständlich. In unserer Schrift geschrieben lautete der Beginn des Rezepts folgendermaßen:

Vierfach fließen durch die Hölle
Flüsse, dunkler Qualen Quelle:
Der Cocytus, Acheron,
Styx und Pyriphlegeton.

Eis und Feuer, Gift und Schlamm,
nimm davon je hundert Gramm.
Mix im Shaker flott und flink
Lügenpunsches Basis-Drink.

Wie jeder gut ausgerüstete Labor-Zauberer hatte auch Irrwitzer alle vier Substanzen in ausreichender Menge vorrätig. Während er sie zusammensuchte und dann andächtig in einem Spezialshaker mixte, las Tyrannja den nächsten Punkt vor:

Jetzo brauchst du flüssiges Geld:
Leg zehntausend Taler fest,
die du auf der ganzen Welt
armen Leuten abgepresst.
Flüssig mache nur den Zins –
drei viertel Liter sind's.
Schütte sie ins Glas hinein,
wahre den gesetzlichen Schein.

Wie man Geld flüssig machte, war der Hexe selbstverständlich bekannt. Binnen kurzem glänzten die drei viertel Liter aus kaltem Feuer. Ein goldener Schein verbreitete sich im Raum. Nun goss Irrwitzer seine Höllenflüssigkeit aus dem Shaker dazu und das Leuchten erlosch. Schwarz wie die Nacht war nun der Sud, aber da und dort durchzuckten ihn Blitze, die wie pochende Adern aussahen und sogleich wieder verschwanden. Die dritte Anweisung lautete:

Krokodilstränen musst du vergießen
in reichlicher Menge (so viel du vermagst)
und lasse sie tropfenweise fließen,
indem du dein Opfer beklagst.
Nach kräftiger Rührung (doppelt gemeint)
Misch den geweinten Wein
In die vorige Mischung hinein,
bis sich beides völlig vereint.

c) *zum Beispiel:*
1. *Teilvorgang: In einen Mixer je 100 Gramm von den vier Substanzen Eis, Feuer, Gift und Schlamm geben und vermischen*
2. *Teilvorgang: 10.000 Taler von armen Leuten abpressen und festlegen, den Zins von diesen 10.000 Talern flüssig machen, drei viertel Liter flüssigen Zins in ein Glas füllen*
3. *Teilvorgang: Gemisch (Höllenflüssigkeit) aus dem Mixer in das Glas zu dem flüssigen Zins geben*
4. *Teilvorgang: Krokodilstränen vergießen und tropfenweise fließen lassen, gut verrühren und zu der restlichen Mischung geben, gut vermischen*

Seite 19

2 ***Krokodilstränen:*** *Große, übertriebene, einzelne Tränen, die nicht ehrlich gemeint sind, sondern geheuchelt sind.*
Doppelt gemeint: *Rührung soll hier im doppelten Sinne verstanden werden: Erstens als umrühren/vermischen und zweitens als gerührt sein/vor lauter Mitleid weinen.*

3 *zum Beispiel:*
Herstellung eines Wunschpunsches
Zur Herstellung dieses Wunschpunsches braucht man Kenntnisse über den Infernal-Code zur Entschlüsselung des Rezepts, einen Spezialshaker, ein Glas, 100 Gramm von den Substanzen Eis, Feuer, Gift und Schlamm, 10.000 Taler und Krokodilstränen. Zunächst muss das Rezept in Infernal-Code entschlüsselt werden. Im Anschluss gibt man die vier Substanzen zu je 100 Gramm in den Shaker und mixt daraus den Basis-Drink des Wunschpunsches. Dann werden die 10.000 Taler, die man zuvor armen Leuten abgepresst hat, festgelegt. Der Zins davon wird zu drei viertel Liter flüssigem Geld gemacht und in ein Glas gegossen. Zu diesem flüssigen Geld gießt man jetzt die Höllenflüssigkeit aus dem Shaker. Es entsteht ein schwarzer Sud. Zur Gewinnung der Krokodilstränen beklagt man seine Opfer und lässt die Tränen dabei tropfenweise fließen. Danach gießt man diesen geweinten Wein zu der vorigen Mischung in das Glas und verrührt alles.

4 a) *zum Beispiel:*
1. *Teilvorgang (Bereitstellen der Arbeitsmaterialien und Zutaten): saubere Arbeitsfläche, Rührschüssel, Handmixgerät, Messbecher, Kastenbackform, 1/4 Liter Speiseöl, 350 Gramm Zucker, 4 Eier, 1/4 Liter kochendes Wasser, 250 Gramm geriebene Haselnüsse (ungeschält), Bittermandelaroma, 1 Päckchen Vanillezucker, 500 Gramm Mehl, 2 Päckchen Backpulver, Haselnussglasur*
2. *Teilvorgang: Öl, Zucker, Eier in eine Schüssel geben und schaumig rühren,*
3. *Teilvorgang: kochendes Wasser, geriebene Nüsse, Bittermandelaroma und Vanillezucker in die Schüssel hinzugeben und unterrühren*
4. *Teilvorgang: Mehl im Messbecher mit dem Backpulver vermischen, auch in die Schüssel geben und mit der Masse verrühren*
5. *Teilvorgang: Backform einfetten, mit Mehl bestäuben, Kuchenteig in die Backform einfüllen*
6. *Teilvorgang: Backform mit dem Teig in den Backofen schieben, bei 170° C eine Stunde backen*
7. *Teilvorgang: den fertigen Kucken abkühlen lassen, mit Fettglasur überziehen*

b) *zum Beispiel:*
Wie man Omas Nusskuchen backt
Um diesen saftigen Nusskuchen zu backen, braucht man eine saubere Arbeitsfläche, eine Rührschüssel, ein Handmixgerät, einen Messbecher, eine Kastenbackform, 1/4 Liter Speiseöl, 350 Gramm Zucker, vier Eier, 1/4 Liter kochendes Wasser, 250 Gramm geriebene Haselnüsse (ungeschält), Bittermandelaroma, ein Päckchen Vanillezucker, 500 Gramm Mehl, zwei Päckchen Backpulver und Haselnussglasur.
In die Rührschüssel gibt man der Reihe nach das Öl, den Zucker und die Eier und verrührt diese Zutaten mit dem Handmixer zu einer gleichmäßigen Masse. Anschließend werden die Haselnüsse, das kochende Wasser, das Bittermandelaroma und der Vanillezucker in die Schüssel gegeben und mit der Masse verrührt.
Mit dem Messbecher misst man das Mehl ab und vermischt dann das Backpulver mit dem Mehl im Messbecher. Danach wird das Mehl mit dem Backpulver zu dem Teig in die Rührschüssel gegeben und alles zu einem gleichmäßigen Teig verrührt.
Damit der Teig in der Backform nicht festklebt, fettet man die Backform ein und bestäubt sie anschließend mit Mehl. Jetzt wird der Teig in die Backform eingefüllt und die Backform mit dem Teig in den Backofen geschoben.
Nach einer Stunde Backzeit bei 170°C ist der Kuchen fertig. Man holt den Kuchen mit Topflappen aus dem Backofen und lässt ihn abkühlen. Nach dem Abkühlen wird der Kuchen mit der Haselnussglasur überzogen.

Seite 21

1 a) ***Ein Loch im Fahrradschlauch flicken***

4 *Ventil abschrauben; restliche Luft entweicht; um an den Schlauch heranzukommen, mit Schraubenzieher unter den Mantel greifen und diesen einseitig von Felge abziehen*

7 *Schlauch ist wieder trocken; markierten Bereich mit einem kleinen Rubbelblech aufrauen (Klebstoff haftet besser)*

12 *zum Schluss das komplette Rad wieder einhängen; Kette auflegen; Befestigungsmuttern des Hinterrades festziehen; dabei Rad so ausrichten, dass Felge Bremsbacken nicht berührt*

10 *mehrfach über Flicken streichen, damit er festklebt; nach ca. fünf Minuten Schlauch aufpumpen und mit Hilfe des Wasserbehälters noch einmal Dichtigkeit des Schlauchs prüfen*

6 *durch Eintauchen des Schlauchs in Eimer mit Wasser Stelle, wo Luft aus dem Schlauch austritt, durch aufsteigende Luftblasen schnell gefunden; diese Stelle mit einem wasserfesten Filzstift markieren*

8 *anschließend Klebemittel auf den Schlauch auftragen, mit Finger leicht verreiben und warten, bis es ausreichend angetrocknet ist*

5 *Schlauch vorsichtig herausziehen; um zu sehen, wo Luft aus dem Schlauch austritt, Ventil wieder einsetzen und Schlauch aufpumpen*

11 *wenn aus dem Schlauch keine Luft austritt, Luft wieder ablassen; die Ventilfassung durch die Felge schieben; Schlauch leicht aufpumpen und unter den Mantel schieben; dann Mantel auf die Felge drücken*

9 *vom bereitliegenden Gummiflicken die Schutzfolie ablösen; Gummiflicken fest auf vorbereitete Klebefläche drücken*

2 *nun mit Hilfe des passenden Schlüssels die beiden Befestigungsmuttern des Hinterrades lösen; danach Verstrebung abschrauben (Verstrebung sichert die Bremse)*

3 *Rad ist frei; Kette herunterziehen, Rad abnehmen*

1 *um besser zu arbeiten, als Erstes Fahrrad auf den Kopf stellen*

b) *zum Beispiel:*

Ein Loch im Fahrradschlauch flicken

Für das Reparieren eines Fahrradschlauches benötigt man einen Gummiflicken, ein kleines Rubbelblech, Klebemittel, einen Behälter mit Wasser und einen passenden Schlüssel.
Um besser arbeiten zu können, stellt man als Erstes das Fahrrad auf den Kopf. Nun löst man mit Hilfe des passenden Schlüssels die beiden Befestigungsmuttern des Hinterrades. Danach schraubt man die Verstrebungen ab, durch die die Bremsen gesichert sind. Nun ist das Rad frei. Man zieht die Kette herunter und nimmt das Rad ab.
Als Nächstes wird das Ventil abgeschraubt, sodass die restliche Luft aus dem Fahrradschlauch entweicht. Um an den Schlauch heranzukommen, greift man mit dem Schraubenzieher unter den Mantel und zieht diesen einseitig von der Felge ab. Danach wird der Schlauch vorsichtig herausgezogen.
Um zu sehen, wo Luft austritt, setzt man das Ventil wieder ein, pumpt den Schlauch auf und taucht diesen in einen Eimer mit Wasser ein. An der Stelle, wo die Luft aus dem Schlauch austritt, sieht man Luftblasen aufsteigen. Diese Stelle wird mit einem wasserfesten Filzstift markiert.
Wenn der Schlauch wieder trocken ist, wird der markierte Bereich mit einem kleinen Rubbelblech aufgeraut. So kann der Klebstoff besser haften. Anschließend wird das Klebemittel auf den Schlauch aufgetragen und mit dem Finger leicht verrieben. Wenn das Klebemittel ausreichend angetrocknet ist, löst man die Schutzfolie vom bereitliegenden Gummiflicken und drückt diesen fest auf die vorbereitete Klebefläche. Damit der Flicken festklebt, streicht man mehrfach über den Flicken.
Nach ca. fünf Minuten pumpt man den Schlauch auf und prüft mit Hilfe des Wasserbehälters noch einmal die Dichtigkeit des Schlauches. Wenn aus dem Schlauch keine Luft austritt, wird die Luft wieder abgelassen.
Jetzt wird die Ventilfassung durch die Felge geschoben. Danach pumpt man den Schlauch leicht auf und schiebt ihn unter den Mantel. Dann wird der Mantel auf die Felge gedrückt.
Zum Schluss wird das komplette Rad wieder eingehängt, die Kette aufgelegt und die Befestigungsmuttern des Hinterrades werden wieder angezogen. Dabei wird das Rad so ausgerichtet, dass die Felge die Bremsbacken nicht berührt.

Seite 26

1 a) *der dumme Esel – die dummen Esel*
der majestätische Löwe – die majestätischen Löwe
die lautlose Katze – die lautlosen Katzen
der schlaue Fuchs – die schlauen Füchse
die giftige Schlange – die giftigen Schlangen
der stumme Fisch – die stummen Fische
die fleißige Ameise – die fleißigen Ameisen

b) *Beispiele:*
Und er verschwand lautlos wie eine Katze.
In dieser Minute fühlte ich mich dumm wie ein Esel.
Wie ein majestätischer Löwe thronte er auf dem Stuhl.
Schlau wie ein Fuchs erkannte sie sofort die Gefahr und rannte los.
Heute bist du giftig wie eine Schlange.
Er sprach kein Wort und schaute stumm wie ein Fisch in die Runde.
Fleißig wie eine Ameise arbeitete er Tag und Nacht.

2 a) ***Der Wolf und der Storch***
<u>Gierig</u> verschlang der <u>hungrige</u> Wolf Stücke des Lamms, das er gerade erbeutet hatte. Da blieb ihm ein <u>spitzer</u> Knochen im Halse stecken. In seiner Not bat er den <u>gutmütigen</u> Storch um Hilfe und versprach ihm dafür eine Belohnung.
Der Langhals steckte seinen Kopf in den Wolfsrachen und holte <u>geschickt</u> den Knochen heraus. Als er aber seinen Lohn forderte, fletschte der Räuber die Zähne und brummte: „Sei froh, dass ich dir deinen Hals nicht abgebissen habe. Sonst kitzelt niemand <u>ungestraft</u> einen Wolf im Hals!"

b) *zum Beispiel:*
Der Wolf und der Storch
Gierig verschlang der hungrige Wolf <u>große</u> Stücke des <u>saftigen</u> Lamms, das er gerade erbeutet hatte. Da blieb ihm ein spitzer Knochen im Halse stecken. In seiner Not bat er den gutmütigen Storch um Hilfe und versprach ihm dafür eine <u>hohe</u> Belohnung. Der Langhals steckte <u>rasch</u> seinen Kopf in den <u>dunklen</u> Wolfsrachen und holte geschickt den <u>spitzen</u> Knochen heraus. Als er aber seinen <u>wohlverdienten</u> Lohn forderte, fletschte der Räuber <u>grimmig</u> die Zähne und brummte: „Sei froh, dass ich dir deinen <u>langen</u> Hals nicht abgebissen habe. Sonst kitzelt niemand ungestraft einen Wolf im Hals!"

c) *Beispiele:*
Undank ist der Welten Lohn.
Vertraue nicht auf die Dankbarkeit anderer.

3 a) *zum Beispiel:*

Adjektiv bei einem Nomen	*Adjektiv bei einem Verb*
der hungrige Wolf	*Gierig verschlang*
große Stücke	*steckte rasch*
des saftigen Lamms	*holte geschickt*
ein spitzer Knochen	*fletschte grimmig*
den gutmütigen Storch	*kitzelt ungestraft*
eine hohe Belohnung	
den dunklen Wolfsrachen	
den spitzen Knochen	
seinen wohlverdienten Lohn	
deinen langen Hals	

b) *Wenn ein Adjektiv vor einem Nomen steht, wird es wie dieses dekliniert. Es stimmt dann mit dem Nomen in Kasus (Fall), Numerus (Anzahl) und Genus (Geschlecht) überein. Bezieht sich das Adjektiv auf ein Verb, bleibt die Endung unverändert.*

Seite 27

5 *Beispiele:*
Eis + kalt = eiskalt
Stock + dunkel = stockdunkel
Hunde + müde = hundemüde
Stein + alt = steinalt
Stein + hart = steinhart
Stern + klar = sternenklar
Riese + groß = riesengroß
Schnee + weiß = schneeweiß
Löwe + mutig = löwenmutig

Seite 28

1 a) *Die konjugierten Verben sind **fett** gedruckt, die dazugehörigen Subjekte unterstrichen:*
*„**Gibt** es denn nichts anderes als grünen Spinat?", **fragte** Karoline ihre Mutter zum soundsovielten Mal. Doch die Königin **sagte**: „Du **weißt**, Kind, Spinat **ist** gesund!"*
*„Aber eines Tages **werde** ich vom vielen Spinat grüne Zähne, ja vielleicht sogar grüne Haare **bekommen**", **erwiderte** Prinzessin Karoline trotzig und sie **betrachtete** feindselig den unansehnlichen Brei auf ihrem goldenen Teller. „Ich **werde** dann in einem Aquarium **leben**, wie eine Wasserpflanze", **stellte** Karoline **sich vor**.*
*Doch was **war** das? **Begannen** sich nicht schon ihre Füße ein wenig zu verfärben? **Hatte** sie heute morgen tatsächlich grüne Strümpfe **angezogen** oder ...? Die Prinzessin **starrte** auf ihre Beine.*

b) *es gibt → 3. Person Singular Präsens (Z. 1)*
Karoline fragte → 3. Person Singular Präteritum (Z. 1/2)
die Königin sagte → 3. Person Singular Präteritum (Z. 2/3)
du weißt → 2. Person Singular Präsens (Z. 3)
Spinat ist → 3. Person Singular Präsens (Z. 3)
ich werde bekommen → 1. Person Singular Futur (Z. 4/5)
Prinzessin Karoline erwiderte → 3. Person Singular Präteritum (Z. 5/6)
sie betrachtete → 3. Person Singular Präteritum (Z. 6)
ich werde leben → 1. Person Singular Futur (Z. 8)
Karoline stellte sich vor → 3. Person Singular Präteritum (Z. 9)
was war → 3. Person Singular Präteritum (Z. 10)
ihre Füße begannen → 3. Person Plural Präteritum (Z. 10)
sie hatte angezogen → 3. Person Singular Plusquamperfekt (Z. 12)
die Prinzessin starrte → 3. Person Singular Präteritum (Z. 12/13)

2 *Überprüfe in deinem Dialog noch einmal die Tempora (Zeitformen) aller Verben:*
Hast du das Präsens und das Futur verwendet?
Hast du für die Anordnungen der Mutter auch den Imperativ (Befehlsform) verwendet?

4 a) *und* b) *Beispiel:*
Prinzessin verfärbte sich
Ein recht ungewöhnliches Ereignis fand am vergangenen Dienstag auf Schloss Schönhausen statt. Die 11-jährige Prinzessin Karoline aß im Beisein ihrer Mutter einen großen Teller Spinat. Daraufhin verfärbte sich ihr ganzer Körper und wurde spinatgrün. Nach Angaben der Mutter wurde die Prinzessin sofort von zwei Notärzten versorgt. Im Krankenhaus verordneten die Ärzte der Prinzessin eine strenge Diät.

Seite 29

5 a) *Überprüfe noch einmal die Tempora (Zeitformen) aller Verben. Hast du überall das Futur verwendet?*

6 a) *Überprüfe die Tempora (Zeitformen) der Verben. Hast du für die Erzählung der kleinen Hexe das Perfekt verwendet?*

7 a) *Überprüfe die Tempora (Zeitformen) der Verben. Hast du für die Zukunftspläne der kleinen Hexe das Futur verwendet?*

Seite 30

1 *Die Sätze 9–20 sind Beispielsätze.*

Astrid Lindgren
Ronja Räubertochter (1)

1. *Im Matthiswald gab es seit langer Zeit seltsame Erdlöcher.*
2. *Dort lebten seltsame Wesen.*
3. *Diese Wesen nannte man Rumpelwichte.*
4. *An ihren breiten Hinterteilen und ihren kleinen verhutzelten Gesichtern erkannte man sie leicht.*
5. *Gemeinhin waren die Rumpelwichte friedlich und taten nichts Böses.*
6. *Heute waren diese Wichte aber missvergnügt.*
7. *Aus törichten Augen starrten sie Ronja an.*
8. *Im Matthiswald durfte man sich nicht fürchten.*
9. *Von klein auf hatte Ronja das zu hören bekommen.*
10. *Trotzdem hatte sie aber Angst.*
11. *Im Schnee wollte Ronja nicht liegen.*
12. *Vergeblich zerrte sie an ihrem Fuß.*
13. *Im Wald wurde es still.*
14. *Große Flocken Schnee fielen auf ihr Gesicht.*
15. *Verzweifelt weinte Ronja.*
16. *In der Dunkelheit hörte sie eine Stimme.*
17. *„Ronja, willst du den nicht nach Hause?"*
18. *Mühsam öffnete Ronja Augen.*
19. *Vor ihr stand Birk.*
20. *„Ich habe da unten deine Ski gefunden und das ist dein Glück, denn sonst müsstest du hier liegen bleiben."*

2 a) *Überprüft, ob ihr die erfragten Satzglieder richtig bestimmt habt. Die Fragenproben helfen euch dabei:*
Fragenprobe:
- *Mit „Wer ...?" oder „Was ...?" erfragt ihr das Subjekt.*
- *Mit „Wen ...?" oder „Was ...?" erfragt ihr das Akkusativobjekt.*
- *Mit „Wem ...?" erfragt ihr das Dativobjekt.*
- *Mit „Worüber ...?", „Worauf ...?", „Wofür ...?" usw. erfragt ihr das Präpositionalobjekt.*

- *Mit „Wessen ...?“ erfragt ihr das Genitivobjekt.*
- *Die adverbialen Bestimmungen erfragt ihr mit „Wann ...?“ (adverbiale Bestimmung der Zeit), mit „Wo ...?“ (adverbiale Bestimmung des Ortes), mit „Warum ...?“ (adverbiale Bestimmung des Grundes) und mit „Wie ...?“ (adverbiale Bestimmung der Art und Weise).*

Seite 31

4 *Astrid Lindgren*
Ronja Räubertochter (2)

Aber Ronja wartete nicht auf ihn. (3. Person Singular)
Mit einem neuen Sprung flog sie zurück über die Kluft. (3. Person Singular)
Danach sagte keiner von beiden mehr etwas. (3. Person Singular)
Verbissen und wie besessen sprangen sie über den Höllenschlund. (3. Person Plural)
Außer ihrem Keuchen hörte man nichts. (3. Person Singular)
Nur die Krähen krächzten ab und zu. (3. Person Plural)
Sonst war alles schauervoll still. (3. Person Singular)
Ronja hatte eine schreckliche Vorahnung. (3. Person Singular)
Gleich landen wir beide wohl im Höllenschlund. (1. Person Plural)
Aber dann hat dieses ewige Gehopse wenigstens ein Ende. (3. Person Singular)
Und dann rutsche Birk auf einem Stein aus. (3. Person Singular)

5 *Astrid Lindgren*
Ronja Räubertochter (3)

Und sie hörte seinen Aufschrei, bevor er in der Tiefe verschwand. Danach hörte sie nur noch die Krähen. Sie schloss die Augen und wünschte, diesen Tag hätte es nie gegeben.
Schließlich kroch sie bäuchlings bis an den Rand und spähte in die Schlucht. Und da sah sie Birk. Er stand unmittelbar unter ihr auf einem Stein oder Balken oder was es nun war, das aus der geborstenen Mauer ragte. Nur gerade so weit, dass seine Füße dort Platz fanden, aber auch nicht mehr.

Seite 32

1 *a) Beispiele:*
Pippi singt ein lustiges Lied.
Jeden Morgen singt Pippi.
Mit lauter Stimme singt Pippi.

Plötzlich singt Pippi mit lauter Stimme ein lustiges Lied. (Akkusativobjekt)
Jeden Morgen singt Pippi für ihre Freunde mit lauter Stimme. (Präpositionalobjekt)
*Für ihre Freunde singt Pippi **ein lustiges Lied.** (Präpositionalobjekt, **Akkusativobjekt**)*

2 *Astrid Lindgren*
Pippi Langstrumpf (1)

1. *Wen oder was wollten die Polizisten abholen?*
   → Pippi (Akkusativobjekt)
2. *Wem glaubten sie nicht?*
   → dem frechen rothaarigen Mädchen (Dativobjekt)
3. *Wessen Uniformen zogen sie zurecht?*
   → ihre Uniformen (Genetivobjekt)
4. *Wen oder was sah Pippi?*
   → die beiden Polizisten (Akkusativobjekt)
5. *Wen oder was machte sie?*
   → einen großen Sprung (Akkusativobjekt)
6. *Wen oder was beobachteten Annika und Thomas gebannt?*
   → die Kletterkünste (Akkusativobjekt)
7. *Worauf konzentrierte sich Pippi?*
   → auf den Absprung (Präpositionalobjekt)
8. *Worauf sollten Annika und Thomas nicht ewig warten?*
   → auf sie (Präpositionalobjekt)
9. *Wen oder was packte sie am Schluss?*
   → die beiden Polizisten (Akkusativobjekt)

Seite 33

3 *Astrid Lindgren*
Pippi Langstrumpf (2)

das (Z. 3) → Akkusativobjekt
Herrn Nilson (Z. 5) → Akkusativobjekt
den Hut (Z. 6) → Akkusativobjekt
den Kiesweg (Z. 8) → Akkusativobjekt
Hafer (Z. 12) → Akkusativobjekt
ein Pferd (Z. 14) → Akkusativobjekt
ihm (Z. 18) → Dativobjekt
das Pferd (Z. 20) → Akkusativobjekt
eine Küche, ein Wohnzimmer und ein Schlafzimmer (Z. 21/22) → Akkusativobjekt
noch keinen Negerkönig (Z. 25) → Akkusativobjekt
keine Mama und keinen Papa (Z. 31) → Akkusativobjekt
dir (Z. 34) → Dativobjekt
Das (Z. 36) → Akkusativobjekt
es (Z. 37) → Akkusativobjekt
Haue (Z. 39) → Akkusativobjekt
das (Z. 40) → Akkusativobjekt

5 *a) Der Kern des Satzes ist das Prädikat.*
Um die weiteren Satzglieder zu bestimmen, stellt man vom Prädikat ausgehend Fragen:
- *Subjekt*
  Frage: „Wer ...?“ oder „Was ...?“
- *Akkusativobjekt.*
  Frage: „Wen ...?“ oder „Was ...?“
- *Dativobjekt*
  Frage: „Wem ...?“
- *Präpositionalobjekt*
  Frage: „Worüber ...?“, „Worauf ...?“, „Wofür ...?“ usw.
- *Genitivobjekt*
  Frage: „Wessen ...?“
- *Bei den adverbialen Bestimmungen unterscheiden wir:*
  - *Adverbiale Bestimmung der Zeit*
    Frage: „Wann ...?“
  - *Adverbiale Bestimmung des Ortes*
    Frage: „Wo ...?“
  - *Adverbiale Bestimmung des Grundes*
    Frage: „Warum ...?“
  - *Adverbiale Bestimmung der Art und Weise*
    Frage: „Wie ...?“

Seite 34

1 *a) Beispiel:*
Ein Fall für Hauptkommissar Glaser (1)
Es war um 8.50 Uhr. Die Münchener Polizei hatte sich (wann?) um 7.30 Uhr mit dem Morddezernat in Verbindung gesetzt. Der Grund war ein 110-Anruf von einem gewissen Paul Schuster. Schuster hatte (wann?) am Morgen festgestellt, dass ihm die Milch ausgegangen war, war (wohin?) nach unten gegangen und hatte die Tür (wie?) unverschlossen

vorgefunden. So habe er das Schreckliche gesehen, sagte er jedenfalls ...
Glaser sah auf die Frau, die (wo?) im Wohnzimmer lag. (wo?) Auf dem Teppichboden befand sich ein großer getrockneter Blutfleck und obwohl man die Waffe entfernt hatte, war es deutlich, dass die Frau (wie?) brutal getötet worden war. „Wunderhübsches Mädchen", sagte Glaser (wie?) leise. Dann wandte er seinen Blick ab von dem schrecklichen Anblick und sah (wohin?) auf die Straße, wo er den Polizeiarzt heraneilen sah.

2 a) *Ohne adverbiale Bestimmungen werden die W-Fragen (wann, wo, wie oder warum etwas geschieht) nicht beantwortet.*
b) *Beispiele:*
- *Berichte*
- *Vorgangsbeschreibungen*
- *Erzählung*
- *Sachtexte (z. B. Lexikonartikel)*
- *Kriminalgeschichten*

3 a) ***Ein Fall für Hauptkommisar Glaser (2)***
Bei seinen Untersuchungen stellte Hauptkommissar Glaser fest, dass kostbarer Schmuck im Wert von 50 000 Euro entwendet worden war. Während der Befragung erfuhr er, dass ein unbekanntes Auto am Abend davor die Einfahrt blockiert hatte. Voller Aufregung berichtete ein alter Mann, er habe das Kennzeichen notiert. Aufgrund dieses wichtigen Hinweises ordnete Glaser die Suche nach dem Wagen telefonisch an. Kurze Zeit später fanden zwei Streifenbeamte in der Innenstadt den gewaltsam aufgebrochenen Wagen.

b)

Adverbiale Bestimmungen			
der Zeit	**des Ortes**	**der Art und Weise**	**des Grundes**
Bei seinen Untersuchungen *Während der Befragung* *am Abend davor* *Kurze Zeit später*	*in der Innenstadt*	*Voller Aufregung* *telefonisch*	*Aufgrund dieses wichtigen Hinweises*

Seite 35

4 a)

Fragen des Hauptkommissars	**Antworten des Verbrechers**
„Ach, machen Sie Ihre Besuche immer durchs Kellerfenster?" (Z. 19/20)	*„Ich sagte doch, es sollte eine Überraschung werden. Ich hatte ja keine Ahnung, dass die Seidls verreist waren. Also bin ich rein. Und als ich merkte, dass niemand da war, bin ich sofort wieder umgekehrt. Ich bin nicht mal bis ins Wohnzimmer gekommen ... So war's!" (Z. 20–25)*
„So war's?" (Z. 25)	*„Genau so!" (Z. 25)*
... Wie ich gelesen habe, sind Sie Schreiner?" (Z. 27/28)	*„Ganz recht, Herr Hauptkommissar!" (Z. 28)*
„Wann haben Sie eigentlich erfahren, dass die Seidls verreist sind?" (Z. 29/30)	*„Ach, das war vor drei Tagen ... eigentlich ganz durch Zufall."(Z. 31/32)*
„Wissen Sie auch noch, wie spät es war, als Sie in das Haus eindrangen?" (Z. 32/33)	*„Natürlich! Es war genau 19.00 Uhr. Die Glocken haben gerade geläutet. Und die überhört man nicht." (Z. 33–35)*
„Noch eine letzte Frage. Ein Beamter behauptet, Sie hätten im Wohnzimmer den Fernseher laufen lassen ... stimmt das?" (Z. 35–37)	*„Da irrt sich der Beamte. Ich weiß genau, dass ich ihn wieder abgeschaltet habe." (Z. 38–40)*

1. Lüge:
Der Verbrecher hatte angeblich keine Ahnung, dass die Seidls verreist waren. (Z. 21/22)
Dann sagt er jedoch, dass er vor drei Tagen durch Zufall erfahren habe, dass die Seidls verreist sind. (Z. 31/32)

2. Lüge:
Der Verbrecher sagt aus, dass er noch nicht einmal bis ins Wohnzimmer der Seidls gekommen wäre. (Z. 24/25)
Dann behauptet er, er hätte den Fernseher im Wohnzimmer der Seidls abgeschaltet. (Z. 39)

5 *zum Beispiel:*
Ein Fall für Hauptkommissar Glaser (3)
Aufgrund der im Wagen gefundenen Fingerabdrücke nahmen die Beamten kurz darauf einen jungen Mann fest. Hauptkommissar Glaser verhörte den Mann in Ruhe.
„Sie sind gestern Abend, 19.10 Uhr, dabei gesehen worden, wie Sie gerade das Haus am Gärtnerplatz 9 durch ...", hier räusperte er sich, „das Kellerfenster verließen. Ein unbequemer Ausgang, wie Sie inzwischen festgestellt haben werden. Außerdem gehört das Haus dem Bauingenieur Seidl. Der Seidl darf den ganzen Tag durch sein Kellerfenster aus- und eingehen, aber Sie, junger Mann, Sie heißen nicht Seidl, Sie heißen Renner ..."
Nach dieser langatmigen Einleitung gab sich der Hauptkommissar wieder ganz dem Genuss seiner Zigarre hin. Es kümmerte ihn wenig, dass sein Gegenüber aufgesprungen war und die Fäuste schüttelte. „Alles ein Irrtum, Herr Hauptkommissar... Ich wollte die Seidls überraschen. Sie sind meine Freunde ..."
Drei, vier Minuten wartete Glaser. Dann sagte er: „Ach ..." Und nach einer Weile: „Ach, machen Sie Ihre Besuche immer durchs Kellerfenster?" „Ich sagte doch, es sollte eine Überraschung werden. Ich hatte ja keine Ahnung, dass die Seidls verreist waren. Also bin ich rein. Und als ich merkte, dass niemand da war, bin ich sofort wieder umgekehrt. Ich bin nicht mal bis ins Wohnzimmer gekommen ... So war's!" „So war's?" „Genau so!" Der Hauptkommissar grinste freundlich. „Interessant, diese Version ... äußerst interessant ... Wie ich gelesen habe, sind Sie Schreiner?" „Ganz recht, Herr Hauptkommissar!" „Aha." Glaser machte eine Pause, bevor er fortfuhr: „Wann haben Sie eigentlich erfahren, dass die Seidls verreist sind?" „Ach, das war vor drei Tagen ... eigentlich ganz durch Zufall." „Wissen Sie auch noch, wie spät es war, als Sie in das Haus eindrangen?" „Natürlich! Es war genau 19.00 Uhr. Die Glocken haben gerade geläutet. Und die überhört man nicht." „Hm ...", brummte der Kommissar. „Noch eine letzte Frage. Ein Beamter behauptet, Sie hätten im Wohnzimmer den Fernseher laufen lassen ... stimmt das?" Der Mann schüttelte energisch den Kopf: „Da irrt sich der Beamte. Ich weiß genau, dass ich ihn wieder abgeschaltet habe." „Fein", freute sich Glaser, „das wär's. Sie können gehen!" „Ich kann gehen?" „Ja, in die Zelle, Sie sind in das Haus eingebrochen und als Sie dabei von der Frau überrascht wurden, haben Sie sie niedergestochen. Ich habe Sie beim Lügen ertappt: zweimal!"

Beispiel für einen Bericht:
Verbrecher gefasst
Aufgrund der in einem Wagen gefundenen Fingerabdrücke konnten Polizeibeamte heute in München einen jungen Mann festnehmen. Hauptkommissar Glaser verhörte den Mann. Nach Aussagen von Zeugen verließ der Mann gestern Abend gegen 19.10 Uhr das Haus am Gärtnerplatz 9 durch das Kellerfenster. Der Mann war zuvor in das Haus eingebrochen. Als er dabei von der Anwohnerin des Hauses überrascht wurde, stach er sie nieder.

7 *Sprachliche Mittel, die einen Krimi besonders anschaulich machen:*
- *unterschiedliche Satzanfänge,*
- *treffende Verben und anschauliche Adjektive,*
- *wörtliche Rede,*
- *Gedanken und Gefühle der Figuren anschaulich wiedergeben.*

Seite 36

1 *a) und b)*
Der Schiffsbart
Nach einer langen Fahrt bringen wir unser Schiff immer ins Dock. Die ganze Mannschaft wird es heute von Muscheln und Meeresalgen reinigen. Allerlei Getier hat sich am Schiff angesiedelt. Wie ein Bart kleben diese Tiere am Rumpf. Manche Muscheln haben sich während der Reise am Schiffsrumpf festgesetzt. Sie schlagen wir mit dem Hammer ab. Krebse oder Schnecken lösen sich fast von selbst. Nach vielen Stunden haben wir den Rumpf endlich gesäubert. Aber auf See wird der „Bart“ schnell wieder wachsen.

bringen: Präsens; wird reinigen: Futur; hat sich angesiedelt: Perfekt; haben sich festgesetzt: Perfekt; schlagen: Präsens; lösen: Präsens; haben gesäubert: Perfekt; wird wachsen: Futur

2 *bringen – hatte gebracht (Plusquamperfekt)*
reinigen – hat gereinigt (Perfekt)
säubern – wird säubern (Futur)
ansiedeln – siedelte an (Präteritum)

3 *der – Artikel*
heute – Adverb
langen – Adjektiv
wir – Pronomen
allerlei – Numerale

Seite 37

4 *a)* ***Der Feuersalamander***
In schattigen, feuchten Bergwäldern und Schluchten kann man dem Feuersalamander begegnen. Seine gelb-schwarze Haut ist auffallend gefärbt. Manchmal stehen die gelben Flecken auch eng beieinander. Dann sehen sie aus wie gelbe Bänder. Im Harz kommen solche Feuersalamander oft vor. Feuersalamander halten sich tagsüber in unterirdischen Verstecken auf. In diesen unteririschen Verstecken gibt es sehr feuchte Luft. Wegen der hohen Luftfeuchtigkeit kann ihre Haut dort nicht austrocknen. Nachts steigt die Luftfeuchtigkeit. Dann kommen die Feuersalamander aus ihren Verstecken und suchen Würmer, Spinnen, Schnecken und Insektenlarven.

b)

***Adverbiale Bestimmungen* der Zeit**	**des Ortes**	**des Grundes**	**der Art und Weise**
tagsüber *Nachts* *Dann*	*In schattigen, feuchten Bergwäldern und Schluchten* *Im Harz* *in unterirdischen Verstecken* *In diesen unterirdischen Verstecken* *dort* *aus ihren Verstecken*	*Wegen der hohen Luftfeuchtigkeit*	*auffallend* *wie gelbe Bänder* *oft*

c) Die adverbialen Bestimmungen geben wichtigen Informationen zum Thema „Der Feuersalamander“. Sie sagen, wann sich der Feuersalamander wo aufhält, wie er aussieht und warum seine Haut nicht austrocknen kann.

5 *Tagsüber / sind / die Feuersalamander / in unterirdischen Verstecken.*
adverbiale Bestimmung der Zeit / Prädikat / Subjekt / adverbiale Bestimmung des Ortes

In diesen unterirdischen Verstecken / gibt / es / sehr feuchte Luft.
adverbiale Bestimmung des Ortes / Prädikat / Subjekt / Akkusativobjekt.

6 *schattig – schattiger – am schattigsten*
feucht – feuchter – am feuchtesten
enger – enger – am engsten

Seite 38

1 *a) Die Eigennamen wurden hier nicht berücksichtigt, z. B.: Harry, Quidditsch.*

J. K. Rowling
Harry Potter und der Stein der Weisen (1)

Harry denkt, er sei ein ganz normaler Junge, den das Schicksal nur ein bisschen schlimmer beutelt, als unbedingt nötig wäre: Weil seine Eltern durch mysteriöse Ereignisse ums Leben gekommen sind, muss er bei seinen grässlichen Verwandten leben. Im Gegensatz zu seinem Cousin wird Harry sehr abfällig behandelt und muss sogar nachts unter der Treppe in einem Schrank schlafen.
Doch dann bekommt er einen Brief mit der Bitte, nach Hogwarts, der Schule für Hexerei und Zauberei, zu kommen. Dort lässt man ihn wissen, dass seine Eltern in der Welt der Zauberer und Hexen überall bekannt sind.
In Hogwarts schließt er schnell Freundschaft mit Ron Weasley und Hermine Granger und zusammen mit seinen neuen Freunden erlebt Harry spannende Abenteuer. Er entdeckt, welche Zauberkräfte in ihm stecken, lernt ein Ballspiel mit dem Namen Quidditsch kennen und findet den geheimnisvollen Stein der Weisen, der in den dunklen Kellern von Hogwarts verborgen ist.
Welche Rolle spielt der Stein der Weisen in der Welt der Zauberer? Harry erkennt den höllischen Plan von Lord Voldemort und beginnt zu kämpfen.

ck	*ss*	*mm*	*tz*
Schicksal	*bisschen*	*schlimmer*	*Gegensatz*
entdeckt	*Ereignisse*	*gekommen*	
stecken	*muss*	*bekommt*	
	grässlichen	*kommen*	
	lässt	*zusammen*	
	wissen		
	dass		

ll	*pp*	*nn*	*tt*
abfällig	*Treppe*	*dann*	*Bitte*
überall		*bekannt*	
schnell		*spannende*	
Ballspiel		*kennen*	
geheimnis-vollen		*erkennt*	
Kellern		*beginnen*	
Rolle			
höllischen			

Seite 39

2 *J. K. Rowling*
Harry Potter und der Stein der Weisen (2)

Lange Zeit wusste Harry Potter nicht, dass Lord Voldermort seine Eltern getötet hatte.
Harry überlebte, weil seine Mutter ihn rettete. Die Liebe seiner Mutter beschützte ihn vor der tödlichen Macht des bösen Zauberers. Lord Voldemort hofft jeden Tag, neue Zauberer für sich und die Schattenwelt des Bösen zu gewinnen. In Hogwarts wird Harry immer wieder in Kämpfe mit Lord Voldemort verwickelt.
Seine Freunde unterstützen ihn dabei, so gut sie können. Seit einer gewissen Zeit wissen seine Freude auch, dass der Blitz auf seiner Stirn eine Narbe ist. Diese Narbe fügte ihm Lord Voldemort zu. Immer, wenn Harry in Gefahr schwebt, beginnt seine Narbe zu brennen.

3 *zum Beispiel:*

ss	*mm*	*tt*
Fluss	*Sommer*	*Wetter*
essen	*bekommen*	*Bett*
fressen	*Himmel*	*klettern*
küssen	*bestimmt*	*Mittag*
Nuss	*schlimm*	*kaputt*

Seite 40

1 *a) einhundertsiebenundzwanzig (Z. 2), Jahre (Z. 2), wohnte (Z. 3), tiefen (Z. 4), Besen (Z. 6), Haaren (Z. 6), Giebel (Z. 8), ihren (Z. 8), mühsam (Z. 9), haargenau (Z. 12), geblieben (Z. 13), Schnabel (Z. 14), Wetterhahnes (Z. 14), Flieg (Z. 16), Rabe (Z. 16), diesem (Z. 17), Gerase (Z. 17), rief (Z. 19), Biest (Z. 19), mir (Z. 20), zähmen (Z. 22), sagen (Z. 24)*

2 *a) Beispiele:*
- □ *ähnlich, die Bahn, belohnen, berühmt, fahren*
- □ *fehlen, Frühstück, führen, Gefahr, hohl*
- □ *Kohle, kühl, Lehrerin, mehr, nehmen*
- □ *ohne, stehlen, Stuhl, während, zählen*

Seite 42

1 *riesigen (Z. 4), sich (Z. 5), Wiesel (Z. 6), Fersen (Z. 8), seinem (Z. 11), so (Z. 19), selbst (Z. 19), Sie (Z. 21), versetzte (Z. 24)*

2 *a) und b)*

stimmloser s-Laut	
ss nach kurzem Vokal	***ß nach langem Vokal oder Diphthong***
dass (Z. 3)	*Begrüßung (Z. 1)*
musste (Z. 13)	*große (Z. 7)*
	äußerst (Z. 12)
	außer (Z. 13)
	groß (Z. 19)
	äußerster (Z. 21)
	Stoß (Z. 24)

c) zum Beispiel:
***ss** nach kurzem Vokal: vergessen, Schlüssel, passieren, Wasser*
***ß** nach langem Vokal oder Diphthong: Spaß, Straße, schießen, heißen*

3 *a)* ***stimmhafter s-Laut***
Der stimmhafte s-Laut wird immer als s geschrieben.
stimmloser s-Laut
Nach langem Vokal oder Diphthong kann s oder ß stehen.
Wende die Verlängerungsprobe an:
- □ *Wird der s-Laut stimmhaft, endet das Wort auf* **s**, *z. B.: Haus – Häuser.*
- □ *Bleibt der s-Laut stimmlos, steht ein* **ß**, *z. B.: Fuß – Füße*

Nach betontem kurzem Vokal wird der stimmlose s-Laut fast immer ss geschrieben.

Seite 43

4 *a) Z. 1: das (bestimmter Artikel)*
Z. 2: Das (Demonstrativpronomen)
Z. 4: Das (Demonstrativpronomen)
Z. 5: dass (Konjunktion)
Z. 21: dass (Konjunktion)
b) „das" wird **s** *geschrieben, wenn es sich um den bestimmten Artikel „das" oder um das Demonstrativpronomen „das" handelt. Das Demonstrativpronomen „das" kann durch „dieses" ersetzt werden.*
„dass" wird mit **ss** *geschrieben, wenn es sich um die Konjunktion „dass" handelt. Durch die Konjunktion „dass" wird immer ein Nebensatz eingeleitet.*

6 *Ein Bericht antwortet auf die W-Fragen:*
Was ist geschehen?
Wer war beteiligt?
Wo geschah es?
Wann geschah es?
Wie und warum geschah es genau?
Welche Folgen hatte das Geschehen?

Seite 44

1

hohl – die Höhle	*holen – geholt*
küssen – der Kuss	*beäugen – das Auge*
das Futter – füttern	*der Raum – geräumig*
die Fahrt – fahren	*die Lehre – die Lehrerin*
die Leere – leeren	*wachsen – das Gewächs*
hören – gehorsam	

2 b) *Wusstest du, dass Hühner Wetterpropheten sind? Man hat beobachtet,* ***dass*** *sich Hühner bei leichtem Regen vor Nässe schützen und in den Stall laufen. Bei lang anhaltendem Regen bleiben sie jedoch draußen. Sie wissen,* ***dass*** *ihnen ein Dauerregen fette Beute bringen kann. Das viele Regenwasser,* ***das*** *die Gänge der Regenwürmer füllt, treibt sie nämlich nach oben.*

c) ***„dass“*** *wird in den Zeilen 1 und 3 mit* ***ss*** *geschrieben, weil es sich um die* ***Konjunktion*** *„dass“ handelt. Durch „dass“ wird immer ein Nebensatz eingeleitet.*
„das“ *wird in Zeile 4 mit* ***s*** *geschrieben, weil es sich um das* ***Relativpronomen*** *„das“ handelt. Das Relativpronomen „das“ kann durch „welches“ ersetzt werden.*

3 b) *zum Beispiel:*

Nomen	*Verben*	*Adjektive*
Hühner	*sind*	*leichtem*
Wetterpropheten	*hat beobachtet*	*lang*
Nässe	*schützen*	*fette*

Seite 45

4 *Das Chamäleon ist ein ~~Krichtier~~ aus den südlichen Ländern, das zur Familie der Echsen gehört. Die meisten Arten kommen in Afrika und Madagsakar vor. Es sind Baumtiere, die langsam und bedächtig ~~kletern~~. Sie sind durch ihre Körperform und ihre Hautfarbe gut ~~getahrnt~~. Chamäleons erreichen eine Körperlänge von bis zu 63 Zentimetern. Das Chamäleon ist meist grünlich gelb, aber es ~~kan~~ seine Hautfarbe verändern. Das hängt von der Umgebung, vom Licht, von der Temperatur und der eigenen Stimmung ab. In einem Lexikonartikel steht, dass ein Chamäleon aus ~~ärger~~ schwarz werden kann.*

Kriechtier
klettern
getarnt
kann
Ärger

5 *Beispiele:*
heftig: *stark, sehr, besonders, intensiv, in großem Maße*
pumpt … auf: *bläst … auf, bläht … auf*
Umgebung: *Nähe, Gegend, erreichbarem Umkreis*
befördert: *gebracht, transportiert, geholt, geschafft*
sehen: *blicken, schauen, spähen, gucken*
drehen: *wenden, bewegen*

Seite 47

2 *Folgende Merkmale könnt ihr in Märchen finden:*
- *Die Begegnung mit dem Wunderbaren gilt als selbstverständlich und natürlich.*
- *Ort und Zeitpunkt der Handlung sind nicht festgelegt.*
- *Oft enthalten sie feste sprachliche Formeln, z. B. „Es war einmal …“, „Und wenn sie nicht gestorben sind …“*
- *Gut und Böse treffen aufeinander. Am Ende siegt das Gute und das Böse wird bestraft. Dieser Gegensatz wird manchmal auch als fleißig – faul, arm – reich, schön – hässlich usw. dargestellt.*
- *Es treten typische Personen auf, z. B. König und Königin, Prinz und Prinzessin, Handwerker und Geselle, die böse Stiefmutter, aber auch fantastische Figuren wie sprechende Tiere, Feen, Hexen, Riesen, Zwerge, Zauberer usw.*
- *Häufig muss der Held oder die Heldin eine Prüfung bestehen. Dabei kommt es zu wunderbaren Begebenheiten. Alltägliche Gegenstände können Zauberkraft haben.*
- *Oft spielen magische Zahlen eine Rolle, z. B.: drei (Wünsche), sieben (Zwerge, Geißlein).*

Seite 48

1 b) *und* c)
Die Ähnlichkeiten zwischen den Schlangengeschichten sind ***fett*** *gedruckt, die Unterschiede unterstrichen:*

Schlangenkönigin
Vor langer Zeit hausten in Deutschland neben anderen Tieren auch ***viele Schlangen.*** *Über alle Schlangen aber und alle Tiere herrschte die* ***Schlangenkönigin; denn mitten in ihrer goldenen Krone*** *war ein herrlicher Edelstein, welcher blitzte wie ein Sonnenstrahl und welcher die Kraft besaß, alle Mächte der Natur seinem Besitzer untertänig zu machen. Ihr Heereslager war eine große Grube, welche sich im Schatten einer Eiche befand, deren Stamm zehn Männer nicht umklammern konnten und deren Äste so dick wie Bäume waren. Da ruhte sie mit ihrem zischenden Hofstaat.*
Schon viele Ritter hatten der Schlangenkönigin die Krone vom Haupt zu reißen versucht, vornehmlich um des Steines willen, mit dessen Hilfe sie große Taten vollbringen wollten; aber alle waren von den wütenden Schlangen zerfleischt und verzehrt worden. Nun lebte damals ein junger Königssohn, das war ein kühner Held; nicht abgeschreckt durch das klägliche Ende der übrigen, wollte auch er sein Leben dran wagen, um den Stein zu gewinnen, und ritt in der heiligen Johannisnacht wohlgemut in den gefahrvollen Strauß.
In den Ästen hing die Nacht; Eulen und Wölfe heulten durch den Wald; Glühwürmer sprühten umher und über alle Bäume schoss der Stein seine Strahlen. Bald war der Held bei der Grube, ritt dreimal um sie herum, während er inbrünstig betete, spornte sein edles Tier, sprengte hinüber und trennte während des ungeheuren Satzes mit dem Schwert die Krone vom Haupt der Schlangenkönigin. Zischend fuhr sie aus dem Schlaf empor; zischend ringelten sich alle Schlangen in die Höhe, strebten wie fliegende Pfeile hinter dem Reiter her und in wenigen Minuten ***hatte ihn ein großes Tier eingeholt und saß auf seinem Nacken.*** *Er aber schleuderte den Mantel samt dem Ungeheuer zu Boden und rettete sich glücklich in seine nahe Burg.*
Am andern Morgen war von dem Mantel nur noch ein Häuflein übrig, das wie Häckerling aussah; ***das Reich der Schlangenkönigin*** *aber war zu Ende und der Königssohn wurde durch die Kraft des Steins berühmt durch alle Lande.*

Der Schlangenbanner
Auf der Frauenalpe ist ein Platz in der weit ausgedehnten Viehweide, wo vor Jahren viele, ***viele Schlangen*** *gehaust haben, sodass dort Mensch und Vieh gefährdet war.*
Da kam zum Pächter dieser Weide eines Tages ein fremdes Burschtele, das sich bereit erklärte, die Schlangen alle zu vernichten. Der Pächter, mit dem Vorschlag höchst zufrieden, gab ihm nun Knechte, die aus Bauholz ihm auf dem Schlangenplatz unweit von einer alten Fichte einen „Kreuzkasten“ aufzimmerten.
Als alles fertig war, schickte er sie wieder heim, zündete den Holzhaufen an, stieg auf den Baum und verbarg sich gut in den dichten Ästen. Dann hatte er mit einem Pfeiferl die Schlangen zu rufen und ins Feuer zu bannen begonnen.
Da kamen zuerst die kleinen Schlangen und stiegen ins Feuer. Dann pfiff er ein zweites Mal und es kamen die größeren und großen Schlangen und alle stiegen gehorsam in das Feuer und verbrannten.
Als er ein drittes Mal pfiff, da erschien eine mächtig große, weiße Schlange und ***trug ein Krönlein auf dem Haupte.*** *Als der Schlangenbeschwörer derselben ansichtig wurde, erschrak er so sehr, dass der Ast, auf dem er saß, zu wackeln*

begann. So ersah ihn die ***Schlange sogleich, kroch zum Fichtenbaum, rollte sich zusammen und schlug mit dem Schwanze nach ihm.*** *Hierdurch verlor er das Gleichgewicht und stürzte hinab in das Feuer, aber auch die weiße Schlange musste ins Feuer kriechen.*
Seitdem ***gibt's auf der Frauenalm keine Schlangen mehr.***

Seite 49

2 a) *zum Beispiel:*

Märchen *von der „Schlangenkönigin“*	*← Unterschiede →* *Gemeinsamkeiten ↓*	***Sage*** *vom „Schlangenbanner“*
□ *Ort nicht festgelegt* □ *Zeitpunkt der Handlung nicht festgelegt, aber sehr lange vergangen („Vor langer Zeit ...“)*	□ *Darstellung von Ereignissen, die in Wirklichkeit so nicht stattgefunden haben können (Begegnung mit dem Wunderbaren gilt als selbstverständlich, z. B. Schlangenkönigin mit Krone)*	□ *genau bestimmter Ort* □ *Zeitpunkt der Handlung nicht festgelegt, aber weniger lange vergangen („Vor Jahren ...“)*
□ *Hauptfigur: ein Königssohn*	□ *Hauptfigur begegnet einer Bedrohung*	□ *Hauptfigur: ein unbekannter, unscheinbarer junger Mann*
□ *Rettungsaktion: Der „kühne Held“ reitet allein los, springt direkt auf die Schlangenkönigin zu und braucht nur einen Schwertstreich, um ihre Krone zu bekommen.*	□ *Rettung aus der Bedrohung nur unter Lebensgefahr möglich (im Märchen durch den Tod der Ritter, in der Sage durch den Tod der Hauptfigur hervorgehoben)*	□ *Rettungsaktion: Knechte helfen zuerst, dann versteckt sich der Bursche und lockt die Schlangen durch seine Pfeife ins Feuer (magische Kräfte, aber kein „kühner Held“ → erschrickt beim Anblick der Schlangenkönigin).*
□ *Schluss: Sieg des Helden und Belohnung (Edelstein/Ruhm)*	□ *Wirken magischer Kräfte (Pfeife des Schlangenbanners, Edelstein aus der Krone der Schlangenkönigin*	□ *Schluss: Sieg über die Schlangen, aber Tod des Schlangenbanners*
→ weit von der Wirklichkeit entfernt		*→ näher an der Wirklichkeit*

3 b) *Die typischen Sagenmerkmale sind unterstrichen: zum Beispiel:*

Text 1

Zwischen Lengenfelden und Stoffen liegt eine wilde, weite Ödung auf einer hohen Ebnet [Ebene], darüber zieht das wilde Gejäg [die wilde Jagd] am wütendsten, verweilt am längsten. Darüber hin ging vor geraumer	□ *genaue Ortsangabe*
Zeit ein Mann aus Hofstetten, es dunkelte bereits, da vernahm er aus der Weite ein Heulen und Sausen, als wollte sich ein furchtbarer Sturm erheben. Wie er da stillstand und sich umsah,	□ *Hauptfigur: ein gewöhnlicher Mann*
kam mittlerweile das wilde Gejäg ob seiner [über ihm] in den Lüften daher und als er verstarrt vor Schrecken vergaß, sich auf den Boden zu werfen, hob es ihn leicht auf ab der Erden und riss ihn im Zuge mit dahin. Sechs lange Wochen war der Mann der Erden entrückt, kein Mensch wusste, wohin er gekommen, und die Seinigen waren in Kümmernis um ihn als einen Toten. Da auf einmal kam er zurück, er wusste selbst nit, wie und wo, und war noch ganz tamisch in seinem Sinn.	□ *Darstellung eines Ereignisses, das in Wirklichkeit nicht so nicht stattgefunden haben kann (Begegnung mit dem Wunderbaren/Übersinnlichen)* □ *Die Ereignisse werden auf wunderbare, übersinnliche und fantastische Art ausgestaltet.*
[...] Der Mann lebt noch, verhält sich aber stets ruhig und still, hat zu nichts mehr weder Freud noch Leid, hat nur noch ein Kuchelleben [sitzt nur noch hinterm Ofen].	□ *Beteuerung, dass das Ereignis wirklich stattgefunden hat (Wirklichkeitsnähe der Sage)*

Text 2

Eine russische Fallschirmspringerin sollte aus 9000 Meter Höhe abspringen. Der Pilot sah, wie sich ihr Fallschirm entfaltete und sie zur Erde niederschwebte. Er landete in der Nähe ihres mutmaßlichen Landeplatzes –	□ *Hauptfigur: eine gewöhnliche Frau, wenn auch mit ungewöhnlichem Hobby/Beruf*
einem Gebiet nahe bei Moskau – und erwartete, sie wohlbehalten auf der Erde vorzufinden. Aber sie war nirgends zu sehen. Es dauerte drei Tage, bis sie in Saratow, 70 Kilometer südlich von Moskau, gefunden wurde. Sie	□ *genaue Ortsangaben*
berichtete, dass sie auf halber Strecke von einem Ufo eingefangen worden sei. Die drei Wesen, die die Besatzung bildeten, hatten sie gut behandelt und sie ein beachtliches Stück mit in den Weltraum hinaus mitgenommen, von wo sie den ganzen Planeten Erde hatte sehen können. Sie hatten ihr eine schriftliche Nachricht übergeben, die sie an	□ *Darstellung eines Ereignisses, das in Wirklichkeit nicht so nicht stattgefunden haben kann (Begegnung mit dem underbaren/Übersinnlichen)* □ *Die Ereignisse werden auf wunderbare, übersinnliche und fantastische Art ausgestaltet.*

die sowjetischen Behörden weiterleiten sollte. [...]. Aus leicht verständlichen Gründen können die Namen der Personen nicht genannt werden.	□ Beteuerung, dass das Ereignis wirklich stattgefunden hat (Wirklichkeitsnähe der Sage)
Text 3	
Die Geschichte ist vor ein paar Tagen mir erzählt worden, die stimmt. Ein Arbeitskollege von mir wusste, dass ein Mann auf einem Campingplatz in seinem Zelt lag.	□ Zeit unbestimmt, aber noch nicht lange vergangen □ Hauptfigur: ein gewöhnlicher Mensch
Kurz vor Mitternacht wurde er wach und sah, wie eine glänzende Kugel, so grünlich und orange, und ganz leise heranflog und nicht weit von ihm schwebte. Und hören ... irgendein Motorengeräusch hörte er nicht. Er hat sich das angesehen und spürte plötzlich einen starken Luftzug und wurde in das Ufo hineingesaugt und von kleinen Männchen mit spitzen Ohren entführt. Am andern Morgen lag er vor seinem Zelt,	□ Darstellung eines Ereignisses, das in Wirklichkeit nicht so nicht stattgefunden haben kann (Begegnung mit dem Wunderbaren/Übersinnlichen) □ Die Ereignisse werden auf wunderbare, übersinnliche und fantastische Art ausgestaltet.
dreckig und die Knochen schwarz und blau. Das war ein Ufo, ganz sicher. Er konnte sich sonst an nichts erinnern.	□ Beteuerung, dass das Ereignis wirklich stattgefunden hat (Wirklichkeitsnähe der Sage)

c) **Text 1:** alte Sage
Begründung: Altertümliche Ausdrücke wie „Ebnet", „wilde Gejäg", „ob seiner" und das Bild des hinter dem Ofen sitzenden Mannes lassen erkennen, dass es sich um eine alte Sage handelt.
Text 2: moderne Sage
Begründung: Der Fallschirmsprung, das „Ufo" und der Hinweis auf die „sowjetischen Behörden" kennzeichnen den Text als moderne Sage.
Text 3: moderne Sage
Begründung: Der „Campingplatz", das „Motorengeräusch" und das „Ufo" weisen auf eine moderne Sage hin.

4

Das kann ich aus der Sage übernehmen:	Das will oder muss ich verändern:	Das füge ich noch ein (z. B. Märchenrequisiten, Helfer oder Gegner ...):
□ unwirkliches Ereignis/Begegnung mit dem Wunderbaren	□ keine genauen Ortsangaben □ unbestimmte Zeit □ Hauptfigur wird Märchenheld: □ wundert sich nicht darüber, wenn ihm Unwirkliches begegnet □ besteht alle Bedrohungen und Gefahren □ wird am Ende belohnt □ Sieg des Guten, Bestrafung des Bösen	□ Märchenreqisiten, z. B. ein gläserner Tisch oder ein Schuh □ Helfer, z. B. eine gute Fee, eine Taube □ Gegener, z. B. ein böser Zauberer, eine gefährliche Spinne

Seite 50

1 a) Beispiele:
J.R. R. Tolkien: Der kleine Hobbit, Der Herr der Ringe
Joanne K. Rowling: Harry Potter
Frank Herbert: Der Wüstenplanet
William Nicholson: Der Windsänger, Gefangene des Meisters, Das Lied des Feuers
Raymond Feist: Die Midkemia-Saga
Michael Ende: Die unendliche Geschichte, Momo

c) zum Beispiel:

	Märchen	← Unterschiede → / Gemeinsamkeiten ↓	**Fantasy-Geschichten**
Umfang	kürzere Erzählungen		oft groß (mehrere Bände umfassende Erzählungen)
Zeit	sehr lange vergangene Zeit	unbestimmte Zeit	noch länger vergangene Zeit als in Märchen (Tolkien) oder näher an der Gegenwart (Ende, Rowling) oder in der Zukunft liegend (Herbert)
Ort	knappe Bezeichnung der Gegenden („tiefer Wald")	unbestimmter Ort, oft in unheimlichen und gefährlichen Gegenden (Wälder, Wüsten ...)	oft eigens erfundene Länder und ausführliche Beschreibungen der Gegenden (Landkarten)
Handlung		□ Kampf zwischen Gut und Böse □ wunderbares, fantastisches Geschehen □ kein Erstaunen über die Begegnung mit dem Wunderbaren	
Figuren	nicht näher charakterisierte Figuren (nur „gut und schön" oder „arm und fleißig")	Helden, Bösewichte, Figuren mit magischen Kräften (Zauberer, Hexen, Riesen, Zwerge), belebte Gegenstände, Tiere oder Pflanzen	ausführlich beschriebene und genau charakterisierte Figuren

2 *zum Beispiel:*
- *Handlung spielt in nicht genau bestimmter Zeit, oft in vorgeschichtlicher Zeit*
- *Schauplätze: erfundene Orte, manchmal mit eigenen Landkarten*
- *Figuren, die auch in Märchen zu finden sind: Hexen, Zauberer, Helden, Prinzessinnen*
- *Gegenstände, Tiere und Pflanzen sind belebt oder besitzen magische Kräfte*
- *Kampf zwischen Gut und Böse, am Ende siegt das Gute*

S. 51

3 *b)* ***Waagrecht:*** *1 Zweige, 2 Verdruss, 3 lästig, 4 scharfkrallig, 5 Eiche,*
Senkrecht: *1 nervös, 2 Wendeltreppe, 3 Arbassa, 4 Rinde*

4 *a) zum Beispiel:*

T. A. Barron
Merlin – Wie alles begann

Während Rhia uns aus dem tiefen Wald zu einer nahen Lichtung führte, bemerkte ich, dass sich der Nachthimmel plötzlich aufgehellt hatte. Dann, als das Geflecht der Äste hinter uns lag, fragte ich mich, ob vielleicht ein Stern über uns explodierte und sein Licht über den Himmel goss. Doch dann wurde mir klar, dass das Licht weder von einem Stern noch überhaupt vom Himmel kam.
Es kam von Rhias Haus. Mitten auf der Lichtung stand eine große Eiche, der mächtigste Baum, den ich je gesehen hatte. Seine robusten Äste wuchsen aus einem Stamm, der so dick war, als hätten sich mehrere Stämme vereinigt. In der Mitte der nach außen und oben strebenden Äste leuchtete eine luftige Hütte wie eine Riesenfackel, ihre Strahlen und Wände und Fenster waren mit den Zweigen verflochten. Blätterschichten bedeckten das Baumhaus, sodass das Licht aus seinen Fenstern durch vielfältige grüne Vorhänge fiel.
„Arbassa." Rhia hob die Arme, als sie den Namen aussprach. Als Antwort zitterten die Zweige über ihrem Kopf gerade so viel, dass ein leichter Tauregen auf ihr erhobenes Gesicht fiel. Ich hatte wieder ein warmes Gefühl in der Brust, als ich zusah, wie Rhia sich dem Fuß des Baumes näherte. Sie zog ihre leichten Schuhe aus, die offenbar aus einer lederartigen Rinde gemacht waren, und trat in eine schalenförmige Vertiefung der dicken Wurzeln. Während sie einen leisen, zischenden Satz sprach, schloss sich die Wurzel langsam um ihre Füße, bis sie und der Baum wie ein Wesen zusammengehörten. Rhia streckte die Arme aus und umarmte den mächtigen Stamm, obwohl sie nur ein winziges Stück umfassen konnte. Zugleich entrollte sich ein riesiger Ast wie ein Farnwedel und wickelte sich als Antwort auf die Umarmung um ihren Rücken.
Ein paar Sekunden später hob sich der Ast und die Wurzel teilte sich. Knarrend knickte der Stamm, riss auf und gab einen schmalen Gang frei. Rhia duckte sich und trat ein. [...]
„Komm." Rhia winkte mir.
Als ich zu der Öffnung trat, schauderte der Baum. Der Eingang mit seinen Rindenkanten begann sich zu schließen. Rhia schrie einen durchdringenden Befehl, doch der Baum ignorierte sie und versperrte sich weiter. Ich rief nach ihr, während Verdruss erregt mit den Flügeln flatterte. Trotz Rhias Protest schloss sich die Tür.
Hilflos stand ich vor dem Baum. Ich wusste weder, was das zu bedeuten hatte, noch, was ich dagegen tun konnte. Aber eins war klar. Ich war zurückgewiesen worden – zweifellos wegen des lästigen Vogels auf meiner Schulter.
In diesem Moment knackte der Stamm erneut. Die Tür ging wieder auf. Rhia, das Gesicht vom Schreien gerötet, winkte mir. Mit einem unsicheren Blick auf den nervösen Vogel betrat ich die dunkle Höhle.
Rhia sagte nichts. Sie drehte sich um und stieg die Wendeltreppe im Stamm hinauf. Ich folgte ihr und hoffte, dass Verdruss jetzt seinem Namen keine Ehre machte. [...]
Endlich erreichten wir eine offene Plattform. Rhia stieß einen Blättervorhang zur Seite und betrat ihr Haus. Ich ging direkt hinter ihr, obwohl Verdruss wütend nach den Blättern schlug, die an seine Federn streiften.
Ich stand auf einem Boden aus eng verflochtenen Zweigen, robust, aber uneben. Ein Feuer brannte mitten im Raum so hell, dass ich mich fragte, welcher Brennstoff hier wohl benutzt wurde. Die Äste des großen Baums bogen sich rundum, obwohl sie hier nicht so eng verschlungen waren wie am Boden, sodass sich nach allen Seiten Fensterschlitze öffneten.
Jedes Möbelstück in diesem Einraumhaus wuchs so selbstverständlich aus den Ästen wie die Äste aus dem Stamm. Ein niederer Tisch an der Feuerstelle, zwei einfache Stühle, ein Schrank [...].
Ich trat auf Rhia zu. „Was ist dort unten passiert?" Vorsichtig schaute sie von mir zu dem scharfkralligen Vogel auf meiner Schulter. „Meine Freundin Arbassa wollte dich nicht hereinlassen."
„Das habe ich auch gemerkt."
„Dafür kann es nur einen Grund geben. Sie wollte jemanden von meinem Haus fern halten, der mir großen Schaden zufügen könnte." [...]

c) zum Beispiel:
Der Baum ist ein Wesen, das wie ein Mensch handelt, Gefühle zeigt und versteht, was gesprochen wird. Er will seine Bewohnerin beschützen.
Mensch und Natur gehören hier zusammen (dargestellt in der Wurzel, die sich um den Fuß des Mädchens schließt). Auch der Vogel zeigt Gefühle („wütend", „nervös"), wirkt aber bedrohlich auf Mensch (den Jungen) und Natur (den Baum).

Seite 52

2 *a) Du kannst deine Mitschülerin oder deinen Mitschüler zum Thema „Freizeit und Hobbys" befragen, z. B.:*
- *Sport, Sportarten, regelmäßiges Training, Erfolge*
- *Lieblingsbücher, bevorzugte Musik/Fernsehsendungen/Spiele*

Du kannst deine Mitschülerin oder deinen Mitschüler zum Thema „Familie/Essen" befragen, z. B.:
- *ob er oder sie Geschwister hat und was er oder sie an ihnen mag bzw. nicht mag*
- *was er oder sie am liebsten isst oder gar nicht mag*
- *ob er oder sie selbst etwas kochen oder backen kann*

Du kannst auch andere Fragen stellen, z. B.:
- *was er oder sie hasst /überhaupt nicht mag*
- *was er oder sie gerne macht/besonders gut kann*
- *was er oder sie an Freunden schätzt oder nicht mag*

Seite 54

2 *Es reimen sich zwei Wörter am Ende der Verse. Außerdem werden die Anfangsbuchstaben der beiden Reimwörter im zweiten Vers untereinander vertauscht.*
Beispiel:
*Wer kann mit frohem **H**erzen **s**chmausen,*
*wenn tief im Stockzahn **S**chmerzen **h**ausen?*

3 *a) und b)*

Heile, heile Segen,
drei Tage regen,
drei Tage Schnee,
es tut schon nimmer weh!

Er würgte eine Klapperschlang,
bis ihre Klapper schlapper klang.

Wer kann mit frohem Herzen schmauen,
wenn tief im Stockzahn Schmerzen hausen?

c)

einsilbige Reime	***zweisilbige Reime***
Schnee – weh	*Segen – Regen*
schlang – klang	*schmausen – hausen*

4 *a) sagte, Bein, gezwungen, wissen, Maus, Läuse, Wein, Bäume, Geländer, Tage, Holz, Stücke, gefangen, behagte, vermissen, grau, Gehäuse, bemüht, stolz, Lücke, misslungen, Waage, Beton, Schall, heraus, verborgen, schaut, Knall, Schatten, Sorgen, erträume, verblüht, bangen, Ballon, hatten, Bänder, blau, erbaut*

b)

einsilbige Reime (männliche oder stumpfe Reime)	***zweisilbige Reime (weibliche oder klingende Reime)***
Bein – Wein	*sagte – behagte*
Maus – heraus,	*gezwungen – misslungen*
Holz – stolz	*wissen – vermissen*
grau – blau	*Läuse – Gehäuse*
bemüht – verblüht	*Bäume – erträume*
Beton – Ballon,	*Geländer – Bänder*
Schall – Knall	*Tage – Waage*
schaut – erbaut	*Stücke – Lücke,*
	gefangen – bangen
	verborgen – Sorgen
	Schatten – hatten

Seite 55

5 *Hanna Johansen*
Ein Krokodil

Ich träum, es kommt ein Krokodil
mit einem großen Maul.
Am Tage liegt's auf einem Stein,
am Tage ist es faul.

Und dann am Abend wird es wach
und macht sich auf die Socken.
Es kriecht zu unserm Haus aufs Dach,
da seh ich es schon hocken.

Und wenn es dann ganz dunkel ist,
dann schleicht es sich heran.
Es will zu mir herein und frisst
mich dann.

Es hinkt durchs Haus, das hör ich doch,
es steigt die Treppe rauf.
Dann kommt's herein durchs Schlüsselloch
und reißt sein Maul schon auf.

Es hat 'ne Menge Zähne in
dem großen roten Rachen.
Und weil es auch noch Flügel hat,
glaub ich, es ist ein Drachen.

Was willst du hier, schrei ich ganz laut,
ich glaub, du willst mich fressen.
Nein, sagt das Krokodil und schaut,
ich hab nur was vergessen.

5 *Günter Kunert*
Leute

Kleine Leute, große Leute
gab es gestern, gibt es heute,
wird es sicher immer geben,
über, unter, hinter, neben

dir und mir und ihm und ihr:
Kleine, Große sind wie wir.
Größer als ein Großer kann
aber sein ein kleiner Mann.

Klein und groß sagt gar nichts aus,
sondern nur, was einer draus
für sich selbst und alle macht.
Darum habe darauf Acht:

Wer den andern hilft und stützt
und sich nicht nur selber nützt,
hat das richtige Format –
ob ein Zwerg er oder grad

lang wie eine Latte ist
oder einen Meter misst:
Kleine Leute, große Leute
gab es gestern, gibt es heute.

Seite 56

1 *Der Ich-Erzähler sitzt am Tisch und erledigt seine Hausaufgaben, während die Mutter beim Einkaufen ist. Das Alleinsein begünstigt die abschweifenden Gedanken des Ich-Erzählers. Er ist hin- und hergerissen: „Irgendetwas" in ihm (vgl. Z. 55) verführt ihn dazu, Geld aus dem Geldbeutel der Mutter zu stehlen, eine Art „Gewissen" versucht, ihn davon abzuhalten, und erinnert daran, wie schlecht er sich nach dem letzten Diebstahl gefühlt hat. Letztlich nimmt er das Geld an sich.*
Das Besondere an diesem Text ist, dass nur Gedanken wiedergegeben werden.

2 *a) zum Beispiel:*
Die eine „Stimmen des Ichs" ist hier ***fett*** *gedruckt, die andere unterstrichen.*

Irmela Brender
Ich, mein Feind

Ich bin ganz in Ordnung. Meine Mutter weiß, dass sie mich allein zu Hause lassen kann. Gerade ist sie weggegangen, zum Einkaufen. Sie weiß, dass ich jetzt hier an meinem Tisch sitzen bleibe und meine Hausaufgaben mache.
3 x 4 = 12
4 x 3 = 12
2 x 5 + 2 = 12
Ich steh lieber mal auf. Es ist nicht gut, die ganze Zeit so stillzusitzen. Nein, ich tu ja nichts. Ich will nur mal aufstehen und ans Fenster gehen.
Zwölf – eine ganz tolle Zahl ist das. Man könnte ein Heft voll schreiben über die Zwölf. ***Ich geh jetzt mal durch die Wohnung. Einfach so. Da ist ja nichts dabei. Viele Leute können besser denken, wenn sie gehen.***
Aber ich denke dabei an nichts als an die Zwölf. 2 x 6 = 12.
Ich gehe durch die Wohnung. Ich will nur mal sehen, ob sie etwas gemerkt hat. Wenn der Geldbeutel noch in der Küchenschublade liegt, dann hat sie nichts gemerkt.
Aber ich nehme nichts. Nein, ich habe mich wirklich geändert, ich nehme nichts. Heute nicht – überhaupt nicht mehr.
Der Geldbeutel liegt in der Schublade.

Ich mach ihn nicht auf. Ich setzte mich an meinen Schreibtisch und schreibe 2 x 6 = 12.
Ich mach ihn doch auf. Nur um zu sehen, ob sie etwas gemerkt hat. Ob noch Geld drin ist. Aber ich nehme nichts.
Ich mach ihn nur auf. Es ist viel Geld drin. Lauter Kleingeld. Auf einen Blick sieht man gar nicht, wie viel. Jetzt weiß ich, dass sie nichts gemerkt hat. Jetzt kann ich sofort die Schublade zumachen und in mein Zimmer gehen und aufschreiben – was eigentlich?
Sie hat nichts gemerkt. Und bei diesem vielen Kleingeld wird sie wieder nicht merken, wenn etwas fehlt. Drei Fünfziger sind da. Einen kann ich ohne weiteres nehmen.
Aber ich nehme nichts. Ich mach das nicht mehr. Ich hab hinterher so viel Angst, dass sie doch etwas merkt.
Sie kann gar nichts merken. Ob zwei Fünfziger oder drei – vermutlich macht ihr das gar nichts aus. Es ist doch Geld genug da. *Aber es gehört mir nicht.*
Natürlich gehört es mir auch. Es gehört uns allen.
Ich darf es nicht nehmen.
Wer kann entscheiden, was ich darf, wenn's keiner sieht?
Das ist schwierig. Ich will nicht.
Aber ich will. Ich will den Fünfziger.
Nein.
Doch.
Nein.
Doch.
Ich kann nicht ewig hier herumstehen. Ich geh jetzt und mache meine Hausaufgaben fertig.
Ich nehm nur noch rasch den Fünfziger. So.
Ich bin ein Dieb. Und jetzt hab ich wieder Angst.
Ach, Unsinn. Wegen einem Fünfziger!
Ich wollte es nicht.
Na gut. Das war eben irgendwas in mir.
In mir? Wer bin ich?

Seite 63

3 *zum Beispiel:*

Szene	Zeilen	Personen	Was geschieht?
1	1–2	Lippel	Vögel zwitschern
2	3–16	□ Hirte mit Ziegen	□ Hirte treibt seine Ziegen an
		□ Reiter auf Esel	□ Reiter auf Esel reitet durch die Gassen, wird von allen Seiten laut und fröhlich gegrüßt, er grüßt laut zurück
		□ Viele Menschen	
		□ Einer, der hämmert	□ Hämmern im Nachbarhaus
		□ Einer, der schimpft	□ schimpfende Männerstimme
		□ Wirtin	□ Wirtin singt, scheppert mit Metallgefäßen, bereitet das Frühstück vor
3	16–32	□ Lippel und Hamide	□ Gespräch zwischen Lippel und Hamide

4 *Die wörtliche Rede für die dritte Szene (Gespräch zwischen Lippel und Hamide) findet ihr im Text. Die wörtliche Rede Lippels ist im folgenden Textausschnitt* ***fett*** *gedruckt, die wörtliche Rede Hamides unterstrichen.*
Die wörtliche Rede für die Szenen 1 und 2 müsst ihr selbst erfinden.

Paul Maar
Lippels Traum

[...]
Lippel spürte, dass Hamide zu ihm herüberschaute. Er wandte sich ihr zu und versuchte zu lächeln. ***Asslam kommt bestimmt wieder!,*** *sagte er tröstend. Es fiel ihm immer schwerer, Hamide Mut zuzusprechen, denn er wurde selbst immer unruhiger. Jetzt saßen sie schon seit Stunden in diesem Zimmer und warteten. Was war nur geschehen? Ob wir ihn suchen sollten, fragte Hamide.* ***Daran habe ich auch schon gedacht, antwortete Lippel, aber vielleicht kommt er gerade dann zurück, wenn wir weggegangen sind.*** *Ich kann ja gehen und du bleibst hier und wartest auf ihn, schlug Hamide vor. Ich kenne mich in der Stadt besser aus.* ***Nein, ich gehe,*** *sagte Lippel.* ***Wir wissen ja nicht, wo wir ihn suchen sollen. Es ist gar nicht wichtig, dass man sich hier auskennt.*** *Du hast Recht, antwortete Hamide. Allah möge dich beschützen. Sei vorsichtig! Nimm dich vor den Wächtern in Acht!*

Seite 65

3 *a) und b)*
Die Aufgaben, die erledigt werden müssen, damit ein Theaterstück aufgeführt werden kann, sind hier unterstrichen. Die Fähigkeiten, die ein Schauspieler damals haben musste, sind hier ***fett*** *gedruckt.*

Gary Blackwood
Der Shakespeare-Dieb (2)

Wir waren längst nicht die Ersten im Theater. Einige Männer waren damit beschäftigt, das Dach neu einzudecken. Andere trugen Kulissen über die Stiege herauf und herab. [...] In sämtlichen Ecken saßen ***Schauspieler und sprachen mit sich selbst, zogen merkwürdige Fratzen und gestikulierten*** *in jeder Hinsicht wie die Bewohner eines Irrenhauses. Ein rotbäckiger junger Mann machte eine unerwartete Handbewegung und traf mich seitlich am Kopf. Ich wich zurück und wollte mich dafür entschuldigen, ihm in die Quere gekommen zu sein. Zu meiner Überraschung war es der junge Mann, der sich entschuldigte: „Tut mir Leid, hab dich nicht gesehen."*
Er drehte sich zu Sander um und wedelte mit seiner Rolle. „Mr Johnson hat mir freundlicherweise dreißig neue Zeilen gegeben, die ich ***für die Vorstellung heute auswendig lernen*** *darf. Ich hatte Mühe genug, mir die alten zu merken." Sander klopfte ihm auf die Schulter. „Du schaffst das schon, Will. Du schaffst es immer. Und wenn nicht, erfindest du einfach etwas dazu." In vertraulichem Ton fügte er hinzu: „Etwas Besseres, zweifellos." Der Mann namens Will lächelte kläglich: „Gewiss." „Die Vorstellung findet heute also statt? Ich dachte, es sähe wieder nach Regen aus?" „Wir hören erst auf, wenn die Bühne unter Wasser steht." Sander lachte. „Dann muss die Bühne wohl gefegt werden. Also fangen wir an." Wir verbrachten die nächste Stunde damit, die schwere Schicht aus nassen verdreckten Binsen von der Bühne zu fegen und eine frische Schicht einzustreuen, die wir von einem Wagen holten, den wir anschließend mit den alten Binsen wieder beluden. Als wir fertig waren, war ich genauso schlapp und nass wie die Binsen. Ich sank an den Rand der Bühne. „Warum hat mir keiner gesagt, dass das Schauspielerleben so aussieht?" [...]*
„Komm, es ist Zeit für die Unterweisung." „Aber ich kann

schon ***lesen und schreiben"****, sagte ich zu ihm, während wir die schmale Stiege hinaufkletterten. „Das wird sehr nützlich sein", sagte Sander, „aber das hier ist eine andere Sorte Unterweisung." Oben befand sich hinter der Treppe ein großer Raum, in dem eine Gruppe Schauspieler* ***Szenen übte.*** *Vor der Tür zu einem weiteren Raum blieben wir stehen. Von drinnen kamen die Geräusche von Schlägen und ein gelegentlicher Schrei. Ich fühlte, wie sich mein Magen zusammenzog. Welcher Art die kommende Unterweisung auch sein mochte, sie wurde offenbar mit Hilfe der Weidenrute eingebläut. Zuerst Schwerstarbeit und nun Schläge. Ich hätte wissen müssen, dass das Theater genauso herzlos und streng war wie jede andere Anstalt.*

Ich blieb zurück und war kurz davor zu fliehen. Aber genau in diesem Monet drehte sich Sander um und winkte mich so fröhlich und freundlich hinein, dass ich meine bösen Ahnungen beiseite schob und ihm in den Unterrichtsraum folgte. Die Szene war ganz und gar nicht so, wie ich sie erwartet hatte. Es gab weder missmutig auf den Bänken sitzende Schüler noch die geringste Spur von jemandem, der geschlagen wurde. Die Geräusche kamen allem Anschein nach von ***zwei Knaben, die mit hölzernen Stöcken ein Scheingefecht austrugen.*** *Einer von ihnen war Nick, der Jüngling, der am Vortag die Zielscheibe der Scherze der Schauspieler gewesen war und der in Hamlet die Königin gespielt hatte. Der andere war die Ophelia des Stückes, ein schlanker Knabe, nicht größer als ich und für Mädchenrollen wesentlich besser geeignet als der aufgeblasene Nick, dessen Stimme und Körperbau so rau waren, dass man ihn sich allenfalls in der Rolle einer älteren Frau vorstellen konnte.*

Gegenüber ***tanzten zwei Schauspieler eine Gigue, die auf einem Englischhorn gespielt wurde.*** *Ganz in der Nähe* ***übten Samuel und James, die beiden Anwärter, auf einer Reihe von binsenmatten Saltos.*** *Sie wurden dabei aufmerksam beobachtet von einem kleinen athletisch wirkenden Mann.*

[...]

Es war ein langer Morgen. Als Mr Armin es schließlich müde war, ***uns in tapfere Streiter zu verwandeln – wie er für Fechter sagte*** *–, übergab er uns Mr Phillips,* ***der sich mit unserer Aussprache beschäftigte und etwas, das er „stimmliche Reichweite" nannte, was, soweit ich es erkennen konnte, darauf hinauslief, lauter zu schreien als das Publikum.***

Seite 67

1 **2. Abschnitt (Zeile 10–16):**
- X Klimaanlage als Serienausstattung
- ■ Empfindliche Nasen
- ■ Gefahr durch Sandstürme

3. Abschnitt (Zeile 17–22):
- ■ Erhöhte Körpertemperatur
- X Auf Kommando Fieber
- ■ Wasserverlust durch Schwitzen

4. Abschnitt (Zeile 23–31):
- X Trinkrekord
- ■ Empfindlicher Magen
- ■ Aufnahme von Flüssigkeit

5. Abschnitt (Zeile 32–36):
- X Der Höcker des Kamels
- ■ Weit verbreiteter Irrtum
- ■ Reichlich Futter

6. Abschnitt (Zeile 37–42):
- X Spezielle Niere
- ■ Einzigartiges Kamel
- ■ Problem Salzwasser

7. Abschnitt (Zeile 43–54):
- ■ Kakteen als Leibgericht
- X Weitere körperliche Vorzüge
- ■ Lebensraum Wüste

2 zum Beispiel: Kamele sind Weltmeister im Wassersparen. Deshalb können sie auch in der wasserarmen Wüste überleben.

3
- ■ Die Verfasserin findet Kamele witzig.
- X Die Verfasserin bewundert Kamele.
- ■ Die Verfasserin hält Kamele für tollpatschig.
- ■ Die Verfasserin denkt, dass es zu viele Kamele gibt.
- ■ Die Verfasserin will, dass Kamele in Zoos gehalten werden.
- ■ Die Verfasserin vergleicht Kamele mit Dromedaren.

4 zum Beispiel:
Der Text will über das Leben der Kamele in der Wüste informieren. Er ist z. B. für Schüler und Schülerinnen geschrieben, die sich über das Thema „Kamele" genauer informieren wollen.

5

Kamele sind hervorragend an das Leben in der Wüste angepasst.	M	X
Mir gefallen Kamele gut. Ich bin sicher, dass jeder Mensch Kamele einfach mögen muss.	X	T
Obwohl es viele Menschen glauben, ist der Höcker des Kamels kein Wassertank.	M	X
Kamele sind Rekordhalter im Trinken.	M	X

Seite 68

1 a) und b) zum Beispiel:

Kamele

Die weisesten Menschen unterscheiden vier Arten: Dromedar,
Wissenschaftler
Kamel, Guanako (mit Lama und Alpaka) und Vikunja. Kamele haben eine Körperlänge von etwa 1,3–3,5 m, die Schulterhöhe beträgt 70–230 cm. Sie sind äußerst genügsam und widerstandsfähig. Wenn die Sonne sengend herunterbrennt und
In der Hitze der Wüste
alles Leben nach Wasser lechzt, können Kamele ihre körpereigenen Wasserspeicher anzapfen. Die heftig wehenden Sand-
Die heftigen Sandstürme
stürme in der weiten, öden Wüstenlandschaft können Kamelen
in der Wüste
nichts anhaben: sie verschließen ihre Nasenlöcher zum Schutz.

Mit Nachwuchs sind sie nicht häufig gesegnet. Höchstens alle
Sie bekommen nicht oft Nachwuchs
drei Jahre werfen sie ein Junges.

2 Lügengeschichten erzählen von ganz unmöglichen oder bis zur Unwahrscheinlichkeit übertriebenen Begebenheiten. Lügengeschichten werden in der Regel in der Ich-Form erzählt.
Typische Merkmale von Lügengeschichten sind:
- □ übertreiben/aufschneiden
- □ Beteuerung, die Wahrheit zu sagen
- □ Ankündigen oder Eingestehen der Lügen
- □ Lügenketten bilden
- □ Lügen steigern
- □ um die Wette lügen
- □ geschickte Ausreden erfinden

Seite 69

4 a) *zum Beispiel:*

Hase und Affe

Der Affe warf dem Hasen vor, er sehe sich fortwährend um. Der Hase aber entgegnete, der Affe kratze sich fortwährend. Beide kamen überein, einen Tag hindurch vom Sonnenaufgang bis zum Sonnenuntergang beieinander zu sitzen: Der Hase versprach, sich nicht umzuschauen, und der Affe gelobte, sich nicht zu kratzen.

Der festgesetzte Tag kam heran; mit Sonnenaufgang fanden sich beide auf dem bestimmten Platze ein. Regungslos hielt der Hase seine Augen auf den Erdboden geheftet. Ruhig und unbeweglich ruhten die Hände des Affen auf seinem Schoß. Es wurde Mittag. Da sagte der Affe, der es vor Pein kaum noch auszuhalten vermochte: „Als ich im Kriege war, trafen mich die Kugeln hier – und hier – und dort – und dort!" Wohin er mit dem Finger wies, um die Stellen zu bezeichnen, wo die Kugeln ihn getroffen, kratzte er sich schnell.

Auch der Hase, der es kaum noch vermochte, seine Augen auf dem Fußboden vor ihm ruhen zu lassen, begann eine Erzählung: „Als ich im Kriege war", sagte er, „verfolgten mich auch die Feinde. Vor Entsetzen sprang ich bald hierhin, bald dorthin, bald links, bald rechts." Mit Blitzesschnelle folgten dabei seine Augen, die so lange starr auf den Boden geheftet gewesen waren, den Bewegungen seiner Glieder.

Merke: Jeder hat einen Sack voll Tücken.

b) *zum Beispiel:*
- *Text will über Schneeaffen in Japan informieren*
- *Text beantwortet wichtige W-Fragen, z. B. Angaben, wo Affen leben, wann diese in den Quellen baden, wie sie baden, warum sie in den heißen Quellen baden usw.*
- *Text informiert über ein Ereignis, das tatsächlich stattgefunden hat*
- *Fachwörter werden verwendet, z. B.: Rotgesichtsmakaken, Onsen*

5 a) *und* b) *zum Beispiel:*

Fabelmerkmale im linken Text:
- *Die Tiere (Hase und Affe) sprechen und handeln.*
- *Hase und Affen verkörpern menschliche Eigenschaften (Unbeherrschtheit/Ticks).*
- *Aus der Fabel kann man eine Lehre für das eigene Verhalten gegenüber anderen Menschen ziehen. (Merke: Jeder hat einen Sack voll Tücken.)*

Sachtextmerkmale im rechten Text:
- *Der Text will informieren. Er beantwortet die wichtigen W-Fragen.*
- *Er enthält wichtige Tatsachen und Fakten.*
- *Im Text werden Fachwörter verwendet.*

Seite 70

2 a) *zum Beispiel:*

Sigrid Heuck
Es war einmal eine Insel oder das verlorene Paradies

Es war einmal eine Insel, erzählte eine Mäusemutter ihren Kindern, die war kahl und leer. Kein Baum und kein Strauch wuchsen dort. Eines Tages flog über diese Insel ein Vogel, der ließ etwas fallen. Und weil er kurze Zeit vorher irgendwo Körner aufgepickt hatte, befand sich in dem, was er fallen ließ, ein unverdautes Korn.

Der Regen schwemmte das Korn in die Erde und bald wuchs da, wo es im Boden steckte, ein kleines Bäumchen. Dieses Bäumchen wuchs in vielen Jahren zu einem stattlichen Baum heran. Er trug Früchte und als andere vorbeifliegende Vögel sie entdeckten, ließen sie sich auf ihm nieder. Bald wuchsen viele Bäume auf der Insel und als die Tiere auf den Nachbarinseln die Bäume entdeckten, kamen sie in hellen Scharen.

So entstand ein Paradies.

Eines Tages fuhr ein Schiff an der Insel vorbei. Dem Kapitän gefiel das Paradies und er baute sich ganz oben, auf dem höchsten Berg, ein Haus. Dort wohnte er mit seiner Frau und seinen Kindern.

Manchmal bekam er auch Besuch. Die Leute besuchten den Kapitän gern, denn die Insel gefiel ihnen. Und weil noch viel Platz war, bauten sie sich bald selbst Häuser dort. Auch sie bekamen Besuch und der Besuch bekam wieder Besuch und allen gefiel es sehr und sie bauten sich eigene Häuser.

Sie fällten viele Bäume, um Platz für ihre Häuser zu bekommen, und für die Tiere blieb nicht mehr viel Platz übrig.

Überall lag Abfall herum und wo kein Abfall lag und keine Häuser standen, baute man Straßen.

Da verließen die Tiere die Insel wieder. Und weil die Menschen beim Bau ihrer Häuser immer mehr Holz verbrauchten, standen auf der Insel bald nur noch Häuser und keine Bäume mehr.

Aber das fanden die Menschen auch nicht schön und einer nach dem anderen zog wieder fort. Die Mauern brachen zusammen und das Holz verfaulte. Bald war die Insel wieder so kahl und leer, ohne Baum und Strauch, so wie sie vorher gewesen war, erzählte die Mäusemutter ihren Kindern.

In diesem Augenblick flog ein Vogel über die Insel. Er ließ etwas fallen und weil er kurze Zeit vorher irgendwo Körner aufgepickt hatte, war in dem, was er fallen ließ, ein unverdautes Korn.

b)

Das kann ich übernehmem:	***Das muss ich verändern:***	***Das füge ich noch ein:***
□ *Ort: Insel* □ *Ereignis: Vogel bringt Samen* □ *Folge: auf der kargen Insel wachsen Pflanzen, dadurch kommen Tiere (Futter)* □ *Verhalten der Menschen: wohnen gerne auf der Insel, bauen Häuser, Straßen und verursachen Abfall* □ *bebaute Insel gefällt den Menschen nicht mehr, sie ziehen weg* □ *Häuser verfallen, bald ist Insel wieder ohne Pflanzen* □ *Kreislauf der Natur beginnt von neuem, wieder entsteht durch Samen neues Leben*	□ *Erzählanlass: Mäusemutter erzählt ihren Kindern* □ *sprachliche Formeln, z. B.: „Es war einmal" (Z. 1); „Eines Tages" (Z. 3)*	□ *Name und genauen Ort der Insel* □ *genaue Bezeichnung des Vogels* □ *Art des Samens*

c) *Überprüfe, ob du in deinem Text die Merkmale eines Sachtextes berücksichtigt hast.*
- *Beschränke dich auf das Wesentliche.*
- *Formuliere sachlich und nüchtern.*

Seite 71

5 *zum Beispiel:*

Schreibanlässe	**Empfänger (Adressat)**
Urlaub/Klassenausflug	Reisebüro, Hotel
Verlust von persönlichen Besitzgegenständen	Fundbüro
Krankheitsanzeige für die Schule	Schule
Beschwerde (z. B. wegen Busverspätung)	Busfirma
Einladung (z. B. zum Geburtstag)	Gäste
Weihnachten	Freunde, Familie, Bekannte

6 *Folgende Punkte solltest du bei einem sachlichen Brief berücksichtigen:*

- ☐ *Bringe dein Anliegen genau, aber knapp und sachlich vor.*
- ☐ *Verwende die Anredepronomen der Höflichkeitsform („Sie", „Ihnen" usw.). Schreibe sie groß.*
- ☐ *Wenn du nicht weißt, wer den Brief bearbeitet, verwende die Anrede „Sehr geehrte Damen und Herren".*
- ☐ *Schreibe ordentlich und achte auf eine übersichtliche Seitenaufteilung.*
- ☐ *Unterschreibe den Brief handschriftlich.*

Für die äußere Form gilt Folgendes:

Name des Absenders — *Ort, Datum*
Straße und Hausnummer
PLZ und Ort

Name des Empfängers
Straße und Hausnummer
PLZ und Ort

***Betreff** (in möglichst wenigen Stichworten, worum es geht)*

Sehr geehrte Damen und Herren, /
Sehr geehrte Frau ..., / Sehr geehrter Herr ...,

Text

Mit freundlichen Grüßen
Unterschrift

7 b) *Karl Valentin*
An einen befreundeten Wirt in Passau

Lieber Freund!
Deinen Brief haben wir erhalten; du schreibst mir, wenn ich 10 Tage Urlaub habe, könnten wir bei dir arbeiten. Leider haben wir vier Wochen Urlaub. Das käm dir zu teuer. Du schreibst auch, auf ein paar Mass käme es dir nicht an. Rechne es dir aus, ich und Fräulein Karlstadt allein trinken täglich 15 Mass Bier und essen täglich an die 4 Pfund Leberkäs.
Du schreibst weiter, Samstag und Sonntag können wir bei dir arbeiten, Samstag ginge das allerdings, aber sonntags gehen wir von morgens 6 Uhr bis abends 9 Uhr in die Kirche, da ginge es also nicht. Außerdem schreibst du, wir sollen auf der Bühne auftreten, das sind wir nicht gewöhnt, da wir nur auf den Fußsohlen auftreten.
Außerdem hat es einen Haken – wir dürfen keine Doppelverdiener sein. Da ich und Frl. Karlstadt neben unserem Komikerberuf Taschendiebe sind und mit diesem Beruf schwer Geld verdienen, würde uns ein Auftreten in deiner Wirtschaft sehr übel genommen werden. Vom 28. Juli bis 6. August hätte ich auch keine Zeit, da ich in dieser Zeit den Christbaum herrichten muss für Weihnachten.
Dass du mir die Fahrt von München nach Passau bezahlen willst, ist sehr schön von dir, aber unnötig, da wir leidenschaftliche Fußgänger sind. Im Falle, dass doch ein Gastspiel in deiner Wirtschaft zustande kommen würde, schlage ich vor unseren 12-Akter „Müller und sein lediges Kind" zu geben. Allerdings sind darin 260 Personen ohne Souffleur beschäftigt. Das Kind zu diesem Stück würde ich selbst mitbringen, samt Mutter im Wochenbett.

Bis dahin Gruß und Kuss!
Karl Valentin

c) *Beachte dabei die Regeln für den sachlichen Brief.*

Seite 72

1 ***2. Abschnitt (Zeile 10–16)***
- ✗ *Entdeckung unbekannter Tierarten*
- ■ *Sensationelle Orte*
- ■ *Unbekannte Pflanzen und Früchte*

3. Abschnitt (Zeile 17–25)
- ■ *Einsatz für den Regenwald*
- ■ *Untersuchung von Affenkot*
- ✗ *Beschlagnahmung wichtiger Unterlagen*

4. Abschnitt (Zeile 26–33)
- ■ *Held des Naturschutzes*
- ✗ *Anerkennung durch die Zeitschrift „Time"*
- ■ *Unbedeutender Ruhm*

2 *zum Beispiel:*
Noch heute sind große Entdeckungen möglich. Marc van Roosmalen hat z. B. im brasilianischen Amazonien unbekannte Tierarten entdeckt.

S. 73

3
- ✗ *Er hält van Roosmalen für einen ernsthaften Forscher.*
- ■ *Der Verfasser denkt, dass die Arbeit van Roosmalens unwichtig ist.*
- ■ *Der Verfasser will, dass van Roosmalen seine Arbeit nur noch im Labor fortsetzen kann.*
- ■ *Der Verfasser hält van Roosmalen für kurios.*

4 *zum Beispiel:*
Der Text will über die neuen Entdeckungen Marc van Roosmalens informieren. Er ist z. B. für Schüler und Schülerinnen geschrieben, die sich über die Erforschung unbekannter Tierarten informieren wollen.

5

	M	T
Meiner Meinung nach ist die Erforschung von Affenarten völlig uninteressant.	✗	T
Im Urwald finden sich auch heute noch unbekannte Tierarten.	M	✗
Einige Menschen sind Forschern gegenüber misstrauisch.	M	✗
Für mich sind alle Forscher rastlose Abenteurer.	✗	T

6 *a) und b) zum Beispiel:*

Forschungs- und Entdeckungsreisen

Forschungs- und Entdeckungsreisen haben die Menschen seit

Anbeginn der Zeit in nicht bekannte Teile der Erde geführt. Das
schon immer
15./16. Jahrhundert war das eigentliche Zeitalter der Entdeckun-

gen. Im Auftrag seiner Hoheit des spanischen Königs entdeckte
des spanischen Königs
Columbus 1492 Amerika. Zunächst hatten die Entdecker nur

Kenntnisse von den Küstenstreifen, erst allmählich drangen sie

tiefer in die Kontinente vor. Lange Zeit hielten sich Menschen von

den undurchdringlichen, dunklen Tiefen des Urwalds fern, sodass
undurchdringlichen Gebieten des Urwalds
er den Tieren und Pflanzen vorbehalten blieb.

Seite 74

1 *Mit der richtigen Helligkeit (60-Watt-Birne, Fenster) arbeitest du schneller und konzentrierter.*
Mache die Hausaufgaben an einem passenden Arbeitsplatz.
Frische Luft und 18 Grad Raumtemperatur lassen dich wacher bleiben.
Beginne mit den Hausaufgaben nach dem Essen und einer Erholungspause.
Achte darauf, schriftliche und mündliche Aufgaben abzuwechseln.

Seite 75

3 *zum Beispiel:*
Hausaufgaben werden aufgegeben, um zu üben und um die eigene Tätigkeit anzuregen.

5 *a) Der Buchstabe „S" steht für „schriftlich". Der Buchstabe „M" für „mündlich".*
Der Verlauf der Kurve zeigt, dass beim Lernen zuerst die Leistung/Konzentration ansteigt, dann aber nach einer gewissen Zeit wieder nachlässt. Es ist also wichtig, beim Lernen Pausen einzulegen.

Seite 78

1 *Vielleicht ist es dir schon einmal ähnlich ergangen wie Andreas. Wenn du Angst vor einer Schulaufgabe hast, weil du dir z. B. zu wenig Zeit zum Lernen genommen hast, kann dies zu Gedächtnisblockaden führen. Wenn du dich rechtzeitig auf Prüfungen vorbereitest, kannst du Angst und Stress verringern und bessere Leistungen erbringen.*

2 *Es gibt immer Schulaufgaben, die einem gelungen sind, und andere, die man „verhauen" hat. Ganz entscheidend ist, dass du aus deinen Fehlern lernst. Mit Hilfe des Fragebogens kannst du dein Lernverhalten noch einmal überprüfen und herausfinden, was du beim nächsten Mal besser machen kannst.*

Tipps zur Grammatik und Rechtschreibung

Satzglieder im Überblick

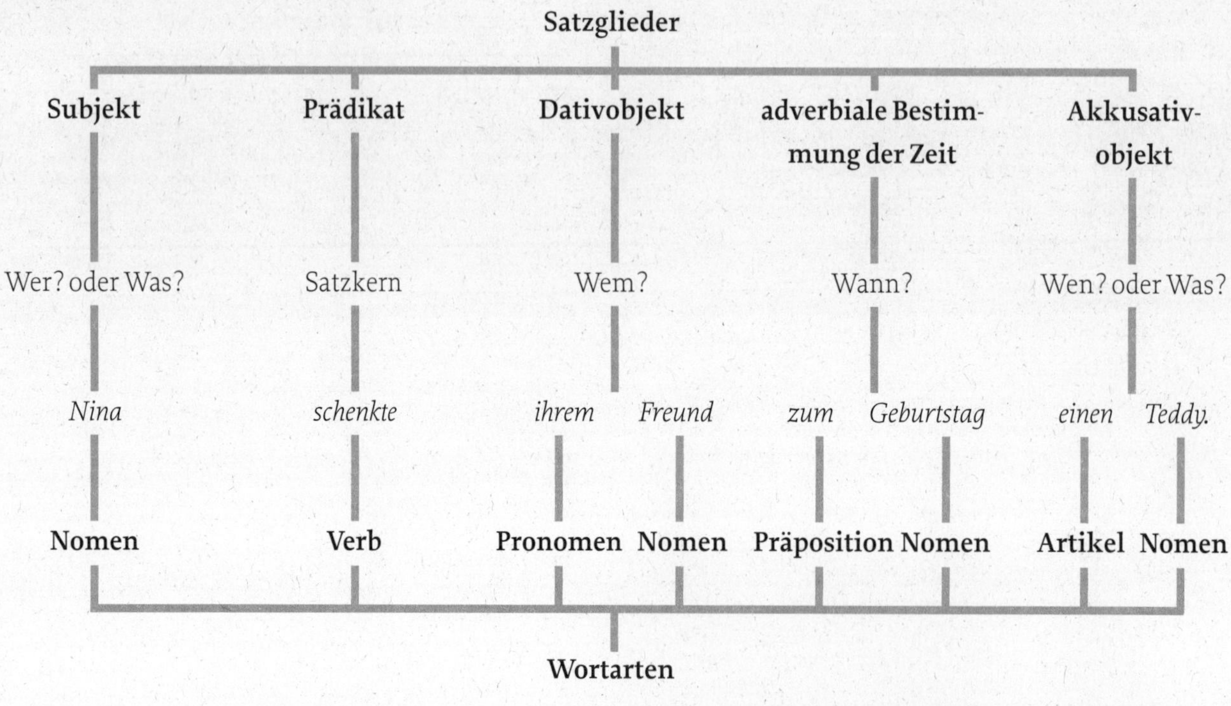

Zeichensetzung im Überblick

Satzschlusszeichen

Der **Aussagesatz** schließt mit einem **Punkt,** z. B.:
Morgen besuche ich meine Freundin.
Der **Fragesatz** endet mit einem **Fragezeichen,** z. B.:
Hast du noch ein Stück Schokolade?
Der **Aufforderungs-** und **Ausrufesatz** endet mit einem **Ausrufezeichen,** z. B.:
Mach bitte die Tür zu! Achtung!

Das Komma zwischen Sätzen

Das **Komma** steht **zwischen Hauptsätzen,** z. B.:
„Thomas isst Nudeln, seine Schwester trinkt ein Glas Kakao."
Das **Komma entfällt,** wenn die Hauptsätze durch nebenordnende Konjunktionen wie „und" oder „oder" verbunden sind, z. B.:
„Katharina ging in die Bücherei und ihre Freundin kam mit."
Ein **Komma** steht **zwischen Hauptsatz und Nebensatz.** Der Nebensatz wird oft durch eine unterordnende Konjunktion (z. B. „weil", „dass", „obwohl", „nachdem") eingeleitet, z. B.:
„Ich fahre in die Stadt, *weil* ich mir eine neue Hose kaufen will."
„*Obwohl* ich pünktlich aufgestanden war, kam ich zu spät zur Schule."
„Früh am Morgen, *wenn* die Sonne aufgeht, bin ich gut gelaunt."

Das Komma bei Aufzählungen

Aufzählungen können aus Wörtern oder aus Wortgruppen bestehen. Sie werden durch ein **Komma** getrennt, z. B.:
„Sie wollte um sechs Uhr nach Hause kommen, Aufgaben machen, dann schwimmen gehen."
Wenn die Aufzählungen durch **nebenordnende Konjunktionen** wie „und", „oder", „entweder ... oder", „sowohl ... als auch" oder „weder ... noch" verbunden sind, **entfällt das Komma,** z. B.:
„Wir fahren bei sonnigem *oder* trüben Wetter los."

Die Zeichensetzung bei der wörtlichen Rede

Die **wörtliche Rede** steht in **Anführungszeichen.** Der Redebegleitsatz kann der wörtlichen Rede vorangestellt, nachgestellt oder in die wörtliche Rede eingeschoben sein.
Nach einem **vorangestellten Redebegleitsatz** weist ein **Doppelpunkt** auf die folgende wörtliche Rede hin, z. B.:
Sie sagte: „Ich besuche dich bald."
Der **nachgestellte Redebegleitsatz** wird durch **ein Komma** von der wörtlichen Rede abgetrennt, z. B.:
„Halt! Stehen bleiben!", *riefen die Polizisten.*
Der **eingeschobene Redebegleitsatz** wird durch **zwei Kommas** von der wörtlichen Rede abgetrennt, z. B.:
„Ich suche das Buch", *sagte sie,* „weißt du, wo es sein könnte?"

Tipps zum Rechtschreiben

Schreibweisen ausprobieren

1. Wenn du bei einem Wort, das du eigentlich schon kennst, unsicher bist, hilft es manchmal, einfach auf einem Blatt das Wort in unterschiedlichen Schreibweisen aufzuschreiben. Was dir fremd erscheint, scheidet aus. Wenn dir Zweifel bleiben, lieber im Wörterbuch nachsehen!
2. Um zu durchschauen, wie Wörter geschrieben werden, kannst du verschiedene Proben anwenden:
   - das Wort **verlängern,** z. B.: „Wald – Wälder", „Weg – Wege"
   - die **Grundform** eines Worts suchen, z. B.: „Bäume – Baum", „willst – wollen"
   - ein zusammengesetztes Wort in seine **Bestandteile zerlegen,** z. B.: „Sperrmüllplatz – Sperr + müll + platz"

Das Wörterbuch – dein starker Helfer

Du kannst Fehler vermeiden, wenn du bei Zweifeln über die richtige Schreibweise im Rechtschreibwörterbuch nachsiehst. Beachte dabei:

- Verben sind im Wörterbuch unter der **Grundform** (Infinitiv) verzeichnet.
- Bei zusammengesetzten Nomen muss man manchmal mehrmals nachschlagen, z. B. „Vanillepudding" unter „Vanille" und „Pudding".
- Voraussetzung für das Nachschlagen: Du musst das **Alphabet** beherrschen!

Die Silbentrennung

Mehrsilbige Wörter trennt man nach **Sprechsilben,** die man bei langsamem, betontem Sprechen hören kann, z. B.: „A-bend-spa-zier-gang", „Kas-ten", „Lap-pen".
Faustregel für Zweifelsfälle: Nur *ein* Konsonant kommt auf die neue Zeile.

Die Rechtschreibkartei

Eine Rechtschreibkartei ist eine Wörtersammlung, die du auf **Karteikarten** führen kannst. Dabei musst du sorgfältig und fehlerfrei schreiben, damit du dir nichts Falsches einprägst. In die Kartei nimmst du alle Wörter auf, bei denen du Fehler machst.

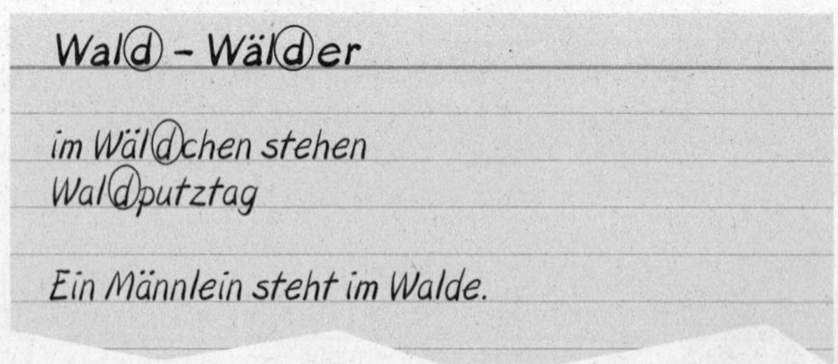

Das Partnerdiktat

1. Zuerst lest ihr euch gemeinsam den Diktattext durch und besprecht, welche Wörter euch Schwierigkeiten bereiten könnten.
2. Ihr schreibt und diktiert abwechselnd.
3. Treten beim Schreiben Unsicherheiten auf, helft ihr euch gegenseitig: Der/die Schreibende fragt nach, wenn er/sie ein Wort nicht schreiben kann; der/die Diktierende stoppt den Schreibenden, wenn etwas falsch geschrieben ist.
4. Am Ende kontrolliert jeder seinen Teil, anschließend den Text des Partners.

P 954895